AF482639

Lectura contemporánea de los clásicos

Saúl López Noriega y Rodolfo Vázquez

COORDINADORES

¿Por qué leer a Mill hoy?

MONTABER

¿Por qué leer a Mill hoy?

Mark Platts
Miguel Carbonell
Juan Carlos Geneyro

editorial
fontamara

MONTABER

Colección: Lectura contemporánea de los clásicos

¿Por qué leer a Mill hoy?
1.ª edición (2013), 2.ª edición (2016), Distribuciones Fontamara, SA, México,
ISBN 978-607-736-333-0
3.ª edición, octubre 2024

Edita: Montaber
Director editorial: David Soler
Brutau, 160 – 08203 Sabadell (Barcelona)
Tel. 931 429 486 – montaber@montaber.es
www.montaber.es

ISBN: 978-84-10238-53-4

PRESENTACIÓN

El presente libro forma parte de la colección *Lectura Contemporánea de los Clásicos*, cuya finalidad consiste en analizar la obra de destacados pensadores de la filosofía jurídica y política, y releerla a partir de los retos de las sociedades modernas. De ahí que el propósito último de este proyecto sea despertar la curiosidad por los clásicos, discutir su obra e insertarla en el debate contemporáneo, siguiendo siempre la máxima de Ítalo Calvino: "Un clásico es un libro que nunca termina de decir lo que tiene que decir."

Esta relectura, sobra subrayarlo, no pretende sacralizar autores ni convertir libros en escrituras sagradas. El propósito, por el contrario, es una revisión fresca y crítica del edificio teórico y conceptual de cada obra, sin olvidar el otro gran objetivo de la colección: los nuevos desafíos que enfrentan las democracias modernas y, en concreto, las asignaturas pendientes de la incipiente democracia mexicana. Así, con este firme compromiso, nos decidimos por dirigir la mira a la obra de un clásico indiscutible: John Stuart Mill.

La pregunta que, una vez más, planteamos es simple pero fundamental: ¿Por qué leer hoy a Mill? ¿Qué sentido tiene, en los albores del siglo XXI, acercarse a la obra de este insigne filósofo? Ésta fue la interrogante con la cual buscamos provocar la reflexión de tres agudos estudiosos de la obra de John Stuart Mill. El resultado de esta reflexión se encuentra precisamente a lo largo de las páginas de esta compilación.

En primer lugar, presentamos el texto de Mark Platts. "¿A cuál Stuart Mill se ha de considerar?" Sin entrar al debate sobre la continuidad o coherencia de las ideas de Mill en *El utilitarismo* y *Sobre la libertad*, o la pertinencia hoy día de la lectura de *Un sistema de la lógica*, Mark Platts repasa el pensamiento de Mill desde la fineza de un escéptico humeano y desde el rigor de un analítico oxoniense. ¿Cómo debe entenderse la idea de "libertad negativa", sin caer en el lugar común de que "el hacer lo que uno desea" preludie la distinción de Berlin entre libertad positiva y libertad negativa? Quizás la idea de libertad en Mill emparenta mejor con las ideas de "libertad moral", "espontaneidad", "autodesarrollo libre", "independencia personal", más acordes con su defensa republicana y democrática de la discusión libre y la participación cívica.

Asimismo, hacer de Mill un protolibertario que

> ...pudiera conducir a la adopción entusiasta de una "Filosofía social" equivalente a los fetichismos contemporáneos con las políticas públicas del *laissez faire*, y los efectos "goteo" y similares, en general fue conjurado [...] por su utilitarismo, por su apego comparable al credo que sostiene "que las acciones son correctas en proporción a su tendencia a promover la felicidad, incorrectas en la medida en que tienden a producir lo contrario de la felicidad".

Pero apelar al utilitarismo y su monismo principalista no se compadece con el pluralismo implícito en el "buscar nuestro propio bien a nuestra manera", de *Sobre la libertad*. Platts hace suya la observación de Peter Strawson de que la idea de *el* fundamento de la moralidad es simplemente sospechosa de "la obsesión típicamente filosófica de buscar y encontrar las raíces de [la naturaleza de la moralidad en general] en alguna única fuente unitaria, sea la razón, Dios, las emociones humanas, la utilidad social o alguna otra moneda filosófica". Luces y sombras asoman en la obra de Mill.

Pero si alguna obra de Mill "seguiré releyendo con placer y beneficio [...] a pesar de las considerables virtudes de *Sobre la libertad*" es su *Autobiografía*, afirma Platts con entusiasmo. Es aquí donde claramente alternan "las estaciones de las Tinieblas y de la Luz" aunque el propio Mill "apenas parece percatarse". El relato de su educación filosófica no tiene que ver con cierto sacerdocio moral o conversión virtuosa o con la declaración arrogantemente orgullosa de la inutilidad de la disciplina. Se trata de algo más modesto, pero rigurosamente necesario: el cultivo del pensamiento claro y el razonamiento meticuloso que

> ...no generarán transformaciones mágicas, pero sí representan la única posibilidad de que aquellos de nosotros que caemos dentro de las grises sombras de la humanidad y deseamos aminorar nuestras deficiencias pudiéramos aligerarnos un poco y así dar luz a las sombras que proyectamos sobre otros.

El ensayo de Miguel Carbonell concentra su atención en el concepto de libertad a partir de un análisis detenido de *Sobre la libertad*. Con los ojos de un constitucionalista atento y consciente de la importancia que reviste para un jurista contemporáneo la reflexión sobre las ideas de un clásico como Mill, el autor pone especial énfasis en algunas contribuciones novedosas como "la identificación de la sociedad como un factor de opresión", por lo que es necesario entender la libertad como un freno no sólo respecto a los poderes públicos, sino también en lo que, con una feliz expresión, Luigi Ferrajoli ha denominado "poderes salvajes".

De igual manera, Carbonell aborda el principio del daño en Mill y su importancia para marcar los límites del principio de autonomía personal. Apoyándose en la argumentación de destacados filósofos del derecho contemporáneos (Garzón Valdés, Nino, Fiss, Rosenkrantz, entre otros) se hace un repaso cuidadoso del problema del paternalismo jurídico, de la distinción entre el ámbito de lo privado y lo público y las críticas a esta última, por ejemplo, desde las trincheras del feminismo (MacKinnon). ¿En qué situaciones y bajo qué condiciones es posible justificar el paternalismo? La respuesta a esta pregunta es, quizás, la que ocupa la mayor atención de Carbonell. Y con justa razón, precisamente por la situación de frontera que impone la delicada y, al mismo tiempo, rigurosa protección jurídica (o civil) de la autonomía personal en prácticamente cualquier ámbito de actividad personal y social: educativo, sanitario, sexual, laboral, económico, etcétera.

Una nota al final del ensayo parece dejar abierta la posibilidad de interpretar a Mill como precursor de lo que se ha dado en llamar hoy día neoconstitucionalismo (Dworkin, Ferrajoli, y el propio Carbonell) especialmente cuando se refiere a la libertad de expresión y su carácter contramayoritario. Transcribo el pasaje de Mill que cita nuestro autor:

> Si toda la humanidad, menos una persona, fuera de una misma opinión, y esta persona fuera de opinión contraria, la humanidad sería tan injusta impidiendo que hablase como ella misma lo sería si teniendo poder bastante impidiera que hablara la humanidad.

La cita no tiene desperdicio. Si Mill es o no un precursor del neoconstitucionalismo tendrá que ser objeto de otro ensayo.

El texto de Juan Carlos Geneyro tiene como principal eje para el análisis de la obra de John Stuart Mill las interrelaciones entre la libertad, la autonomía y la educación. Bajo esta perspectiva, sostiene que todo análisis que se haga respecto de la concepción de libertad de este autor es parcial o incompleto si no se la interrelaciona con sus tesis relativas a la educación. Igualmente, destaca la importancia de ésta en el proceso de configuración y ejercicio de la autonomía individual, que tiene como una de sus principales manifestaciones la capacidad del individuo para planear y realizar un proyecto de vida; capacidad que –sostiene Geneyro– está cualificada por la educación recibida, la que en buena medida a su vez depende de las condiciones de vida del grupo familiar del individuo y de su entorno social. Para dar cuenta de tales afirmaciones desarrolla su análisis en dos partes: en la primera, hace un recorrido de principales momentos de la historia de vida y de la trayectoria educativa de J. S. Mill. Con base en la propia autobiografía del autor, el análisis realizado esta primera parte hace evidente cómo las condiciones de vida y la trayectoria educativa de éste concurren paulatinamente al propio ejercicio de su libertad y su autonomía; Geneyro destaca el papel decisivo de la educación paterna, del ámbito familiar y de su entorno social, que le favorecerán condiciones para esbozar y elegir un plan de vida, así como su realización, pese a ciertas crisis emocionales e intelectuales que pudo superar gracias a una formación del carácter y a una disposición de referentes culturales e intelectuales devenidos de su propia educación.

En cuanto a la segunda parte, Geneyro apela a distintos textos de Mill para mostrar cómo interrelaciona sus categorías de libertad y autonomía con la educación, sea para las clases trabajadoras, sea para los hijos de quienes detentan el poder económico y político. Indica, además, cómo el autor diagnostica la situación de dichas clases y el papel que asigna a la educación para que ellas ejerzan una mayor autonomía sobre sus proyecciones de vida, así como en cuanto a su participación en las actividades económicas, políticas y sociales. De esta segunda parte, cabe señalar que el análisis realizado por Juan Carlos Geneyro, nos muestra algunas de las tensiones conceptuales que pueden encontrarse en la obra de Mill respecto a las interrelaciones que establece sobre la libertad, la autonomía y la educación.

MARK PLATTS*

> *Fue el mejor y el peor de los tiempos;*
> *fue la edad de la sabiduría y de la*
> *estupidez; fue la época de la fe y de*
> *la incredulidad, la estación de la luz*
> *y de las tinieblas; la primavera de la*
> *esperanza y el invierno de la desespe-*
> *ración...*
>
> CHARLES DICKENS,
> *A Tale of Two Cities*
> (*Historia de dos ciudades*)

1. El título que me dieron para este texto plantea varias preguntas, tal vez una muy en particular sobre a cuál Mill nos estamos refiriendo exactamente. No estoy pensando en el contraste entre padre e hijo, sino más bien en el asunto de exactamente a cuál John Stuart Mill se ha de considerar: ¿al autor de *Un sistema de la lógica* (*A System of Logic*) o de *Sobre la libertad* (*On Liberty*)? ¿De *El utilitarismo* (*Utilitarianism*) o de la *Autobiografía* (*Autobiography*)? ¿De *La esclavitud femenina* (*The Subjection of Women*) o de *Consideraciones sobre*

---

* Este texto fue presentado originalmente bajo el título *De las tinieblas a la luz: o ¿por qué leer a Mill hoy?* y fue leído en la mesa redonda que se llevó a cabo en el Instituto Tecnológico Autónomo de México (ITAM), Ciudad de México, el 13 de octubre de 2011.

el gobierno representativo (Considerations on Representative Government)?

El propio Mill pensaba que *Sobre la libertad* iba "probablemente a sobrevivir a todas las obras" que hubiera escrito, "con la posible excepción de"[1] *Un sistema de la lógica*, un matiz que me parece bastante innecesario: un sistema de lógica lleno de argumentación deficiente no es, tristemente, ninguna paradoja, pero sí de limitado valor filosófico hoy en día aun cuando aborde temas todavía de interés contemporáneo (como cuando Mill intenta defender la idea de que las "clases" tienen una existencia real en la naturaleza,[2] en contraste con ser "meras distinciones por conveniencia").[3] Pienso, en cambio, que *Sobre la libertad* es un clásico cuyas enseñanzas, como Mill irónicamente temía,[4] han conservado su valor: una salvedad importante de la observación[5] por lo general correcta de Stuart Hampshire en relación con el optimismo de Mill y los pensadores utilitaristas contemporáneos suyos en lo que toca al mejoramiento de la condición humana (y que explica en parte la cita de Dickens con la que empecé). En cuanto a la originalidad de su obra, Mill era el epítome de la modestia:

> desde luego, no tiene otra que aquella que toda mente reflexiva da a su propio modo de concebir y expresar verdades que son propiedad común

---

[1] *Autobiography*, ed. Jack Stillinger, Oxford, Oxford University Press, 1969 (en adelante, *A*), p. 150.

[2] *A System of Logic*, 8ª ed., Londres, 1843; Londres, Longman, 1961, la descripción aparece en la p. viii del contenido del Libro I.

[3] *A*, p. 132.

[4] *Ibid.*, p. 151.

[5] Véase "Morality and pessimism", ahora en su *Morality and Conflict* Oxford, Basil Blackwell, 1983, pp. 82-100.

y prosigue para añadir que

> ...el pensamiento que da la pauta al libro es un pensamiento del que, si bien en muchas épocas ha estado confinado a pensadores aislados, la humanidad probablemente en ningún momento desde el comienzo de la civilización ha carecido por completo.[6]

Pero sólo un brutal malentendido de lo que "progreso" suele significar en filosofía podría ver esa "falta de originalidad" como una descalificación del estatus de clásico de *Sobre la libertad*: ese estatus se salvaguarda precisamente por el "propio modo [en que Mill] concibe y expresa verdades que son propiedad común" en cuanto a "la soberanía del individuo".[7]

Solamente una brutalidad similar, ahora dirigida hacia el carácter y el sentido de la argumentación filosófica, podría ver el estatus de clásico de la obra amenazado también por la falta de consenso en cuanto a si las "verdades" así concebidas y expresadas son realmente verdades. Es innegablemente cierto, por ejemplo, que la doctrina clave de Mill de que la "libertad consiste en hacer lo que uno desea"[8] –la doctrina que tiene por objeto elucidar lo que se ha llegado a conocer, tal vez en términos engañosos, como "libertad negativa"–[9] ha sido cuestionada por varios pensadores. Charles Taylor, por ejemplo, sostiene: "tenemos que [...] aceptar que actuar por [...] esta necesidad demasiado grande de confort, no es libertad, se trata incluso de una nega-

---

[6] *A*, p. 151.

[7] *Ibid.*, p. 152.

[8] *On Liberty*, en *Utilitarianism, Liberty, Representative Government*, Londres, Dent, 1910 –en adelante *OL*–, cap. V, p. 152.

[9] La frase es, desde luego, de Isaiah Berlin en "Dos conceptos de libertad", entre muchos otros lugares en su *Cuatro ensayos sobre la libertad*, Madrid, Alianza, 1988.

ción de la libertad".[10] Ahora bien, quizás Taylor piense que él mismo conoce los límites de cuánto confort es aceptable necesitar y por lo tanto desear, y que sabe también con qué intensidad es aceptable desearlo (y en consecuencia que se piense él mismo con derecho a decirnos qué "tenemos que [...] aceptar"): es un absoluto misterio para mí cómo a alguien en su sano juicio se le puede ocurrir siquiera pensar que existan esas cosas y que sea posible conocerlas (ya no hablemos de que sea posible dictarlas). Pero aun cuando me equivoque al respecto, y Charles Taylor tenga la razón, esto difícilmente sería suficiente para descalificar *Sobre la libertad*, aduciendo que se basa en una doctrina clave equivocada: pues, como se ha señalado en otro lugar,

> Uno de los rasgos característicos de un filósofo realmente grande, aun cuando no se trate de un rasgo necesario, consiste en cometer un error realmente grande: es decir, dar una forma persuasiva y de prolongada influencia a una de esas concepciones erróneas fundamentales a las cuales el intelecto humano es propenso cuando se ocupa de las categorías últimas del pensamiento...[11]

Desde luego, la posible pertinencia de ese pensamiento tampoco se ve disminuida por la observación adicional de que no necesariamente todos los filósofos "piensan en la doctrina en cuestión como una concepción errónea", pues tiene "poco sentido refutar errores que nadie se inclina a cometer",[12] ni por la distinción bastante obvia entre un gran filósofo y una gran obra.

---

[10] "What's Wrong with Negative Liberty?", en su *Philosophy and the Human Sciences*, Cambridge, Cambridge University Press, 1985, pp. 211-229, en la p. 222.

[11] P. F. Strawson, "Self, mind and body", en su *Freedom and Resentment*, Londres, Methuen, 1974, pp. 169-177, en la p. 169.

[12] *Idem*.

Pero, insisto, no creo que la doctrina clave de Mill que dilucida la naturaleza de la libertad esté equivocada, aunque tal vez sí necesite ser complementada (una verdad pero no toda la verdad).[13] Tampoco veo cómo se puede negar la saludable influencia histórica en general de *Sobre la libertad* ni la presente (temida) necesidad de su continua influencia. Pensemos, por ejemplo, en la afirmación de Mill de que la libertad del individuo "tiene que ser hasta aquí limitada: el individuo no tiene que volverse un fastidio para los demás",[14] una afirmación subsecuentemente repetida por juristas tan distinguidos como Samuel Warren y Louis Brandeis cuando hablan de "el derecho a disfrutar la vida –el derecho a ser dejado en paz"–,[15] o Learned Hand con su irónica mención de "la dicha de entrometerse en los asuntos de otras personas" y su enfática insistencia en "la posibilidad de la expresión individual de la vida en los términos de aquel que tiene que vivirla".[16] O si los fastidios y entrometimientos parecen nimiedades: ¿se puede sostener sensatamente que ahora no hay necesidad, ni la volverá a haber en el futuro, de "una advertencia monumental a los pensadores de la sociología y la política, de lo que sucede cuando los seres humanos pierden de vista, en sus especulaciones, el valor de la Libertad y de la Individualidad"?[17] ¿Está ahora y en el futuro previsible garantizada la inmunidad contra los cantos de las Sirenas de algo como "el sistema más completo de despotismo espiritual y temporal que ja-

---

[13] Véase mi libro *Ser responsable*, México, Instituto de Investigaciones Filosóficas de la UNAM, 2012, para una explicación detallada, en el tercer capítulo del complemento que me parece necesario.

[14] *OL.*, cap. III, p. 114.

[15] "The Right to Privacy", *Harvard Law Review* 4 (1890), pp. 193-220.

[16] *The Spirit of Liberty*, ed. Irving Dilliard, Nueva York, Vintage Books, 1959, en las pp. 35 y 64.

[17] *A*, pp. 127-128.

más haya emanado del cerebro humano, a no ser, acaso, el de Ignacio de Loyola":

> un sistema por medio del cual el yugo de la opinión general, ejercido por un cuerpo organizado de maestros y gobernantes espirituales, será dueño soberano de toda acción y, en cuanto cabe en la posibilidad humana, de los pensamientos de cada uno de los miembros de la comunidad, tanto en las cosas que sólo le atañen a él, como en las que atañen a los intereses de los demás.[18]

¿Ha desaparecido la amenaza ahora para siempre de que sus miembros pudieran conseguir "una irresistible convicción de que cualquier creencia moral en la que coincida la comunidad en general puede hacer pesar sobre toda la conducta y la vida de sus miembros individuales con una energía y una potencia verdaderamente alarmantes de sólo pensarlo"? Ésa verdaderamente sería la estación de la Luz, pero la creencia en su mera posibilidad –ya no digamos en su realidad– es simplemente otra expresión de la estación de las Tinieblas.

En otra parte[19] he intentado decir un poco más acerca del valor de la libertad negativa tal como se entiende aquí mediante un esbozo de algunas de sus raíces distantes, el cual recurre a una fuente tal vez poco probable. Poco antes de su muerte, en 1970, Maurice Bowra impartió una conferencia para el Cambridge Arts Theatre durante la celebración de los 150 años de la Guerra de Independencia de Grecia, una conferencia que ejemplifica la campaña que Bowra realizó toda su vida para convencer de la utilidad presente del pensamiento griego clásico. En ella, Bowra –no filósofo él–

---

[18] *Ibid.*, p. 127, en reproche al *Système de Politique Positive* de Comte (la segunda obra 1851-1854 de las dos que llevan el mismo título)I

[19] *Ibid.*, pp. 126-127.

formuló el que fue tal vez su principal argumento de la siguiente manera:

> La esencia del pensamiento político griego es que un hombre es un individuo, que vive entre otros hombres por derecho propio y por su propia valía, que tiene derecho a ser como él mismo desea ser, y que en este proceso desarrolla dotes naturales, las cuales varían de una persona a otra, pero que todas ellas son el regalo de los dioses y no se deben desperdiciar. Al individuo se le tiene que dar la libertad de ejercer sus capacidades plenas, de ser un fin en sí mismo, no un medio para el uso de otros.[20]

Desde luego, aquí hay algunos misterios, y quizás la censura de Taylor a la necesidad y así al deseo demasiado grandes de confort, y así al elemento supuestamente espurio de libertad negativa involucrado en el respeto al derecho de los agentes con tal deseo de actuar conforme a él, sin la interferencia ni la obstrucción intencionales, se podría incluso asimilar al pensamiento de que cualquier acción como ésa supondría que el agente "desperdiciara" sus "dotes naturales". Pero el respeto por la libertad de un ser humano de una manera absolutamente inevitable incluye el respeto por su derecho

> ...a cometer errores, y cometerá muchos, pero puede seguir su propia estrella y su propia alma, y encontrar todo su ser tanto en su propia semejanza con otros hombres como en su diferencia respecto a ellos.[21]

En ocasiones, los seres humanos usan su libertad de una manera desafortunada o errada, sea esto en términos de lo que quieren o de sus deliberaciones o de sus

---

[20] Citado en Leslie Mitchell, *Maurice Bowra: A Life*, Oxford University Press, Oxford, 2009, p. 68.

[21] *Idem*.

acciones u omisiones; pero es todavía *su libertad* la que están usando de esa manera, y la inevitabilidad de lo de vez en cuando infortunado o de lo de vez en cuando errado de ningún modo merma su valor. Como dije, no filósofo Bowra, y la expresión del pensamiento griego clásico de Bowra sobre este punto no separa lo separable en cuanto a los componentes de las concepciones de libertad.[22] Aun así, creo que se trata de un intento interesante de estimar el valor de ideas germinales que posteriormente se convierten en lo que hoy se llama libertad "negativa" y cuyo valor Taylor aparentemente no puede reconocer o aceptar.

Una afirmación relacionada aunque diferente de una manera importante se puede encontrar en la admirable introducción de John Skorupski a las ideas éticas y políticas de Mill, en el curso de su defensa de la tesis de que "la independencia personal, la libertad moral y la espontaneidad individual son los valores que dan sustento a *Sobre la libertad*".[23] Skorupski afirma que una "fuente importante" de "cierto ideal liberal de carácter" que Mill suscribió fue

> la visión estética y ética de la vida griega clásica (en especial, la ateniense) que fue presentada por pensadores y artistas alemanes a finales del siglo XVIII. Era un ideal de desarrollo equilibrado de todas las facultades –autonomía racional por un lado, y desarrollo y educación de los sentimientos, "educación estética", por el otro.[24]

Y prosigue para detectar aquí, en las propias palabras de Mill, "un ideal griego de autodesarrollo, con que el ideal platónico y cristiano de autonomía se combina,

---

[22] Contrástense las separaciones que propone Judith N. Shklar en "The Liberalism of Fear", *Political Thought and Political Thinkers*, The University of Chicago Press, Chicago y Londres, 1998, pp. 3-20, especialmente en la p. 10.

[23] John Skorupski, *Why Read Mill Today?*, Routledge, Londres y Nueva York, 2006, p. 64.

[24] *Ibid.*, p. 26.

20

pero al que no sustituye"[25] –un ideal que, afirma Skorupski, genera una transformación en el liberalismo filosófico de esa época respecto a los liberalismos que lo precedieron.[26]

No tengo ni necesidad aquí ni competencia para discutir las tesis históricas de Skorupski acerca del papel de los pensadores y artistas alemanes; para mis propósitos actuales, su énfasis en la idea del "ser humano como un ser progresista",[27] en la autorrealización[28] como "la cultura del yo por el yo",[29] si se interpreta adecuadamente, está relacionado directamente con el asunto del valor de la libertad negativa tal como se entiende aquí: relacionado directamente con la importancia de limitar los poderes del Estado y la sociedad, así como de la "autoridad" de la religión y la tradición para interferir intencionalmente –sea por obstrucción o manipulación– en este proceso de "autodesarrollo libre"[30] y en "la libertad de seguir con nuestra propia vida a nuestra propia manera".[31]

Es cierto que si esa parte de la explicación de John Skorupski ofreciera el panorama completo del valor de la libertad negativa, ese valor estaría condicionado históricamente:

[Mill] piensa también que las sociedades en las que la auto-cultura libre universal se vuelve realmente posible sólo surgen a través de un largo desarrollo histórico. Cuando se alcanza esa etapa… las personas tienen que hacer entonces su propio trabajo de autodesarrollo, porque las potencialidades

---

[25] *OL.*, cap. III, p. 120.

[26] *Why Read Mill Today?*, véase también la parte IV de *Ethical Explorations*, Oxford, Oxford University Press, 1999, de Skorupski, para más sobre la historia de los liberalismos filosóficos.

[27] J. Skorupski, *Why Read Mill Today?*, p. 25, citando a Mill, *OL*, cap. 1, p. 74.

[28] J. Skorupski, *Why Read Mill Today?*, p. 18.

[29] *Ibid.*, p. 25.

[30] *Idem.*

[31] *Ibid.*, p. 16.

humanas son diversas y quien mejor las conoce es el individuo, y porque sólo definiendo sus propios planes de vida lo-
grarán desarrollar la libertad moral.[32]

Pero no veo ninguna razón para pensar que ésa es toda la historia, ni siquiera que es la propia historia completa de Mill. También es cierto que identificar los valores que "dan sustento a" *Sobre la libertad* me parece más difícil de lo que Skorupski tal vez piensa; desde luego, creo que es menos sencillo decir exactamente a qué equivalen realmente esos supuestos valores. "Independencia personal" tal vez no sea demasiado problemático, pero "libertad moral" sí parece serlo a pesar de los mejores esfuerzos de Mill (y de Skorupski):

> Razón y voluntad son necesarias para la discusión libre, la participación cívica y la dirección activa de nuestra vida (y se nutren de éstas). Mill llama "libertad moral" a esta cualidad de voluntad racional y, como Kant, la identifica con la virtud confiable:
>
> Una persona se siente moralmente libre si siente que no es esclava de sus hábitos o de sus tentaciones, sino que es ella quien manda sobre ellos: aun sometiéndose a ellos sabe que podría resistirse [...]; debemos sentir que nuestro deseo, si no es lo suficientemente fuerte como para alterar nuestro carácter, sí que es suficientemente fuerte para dominar nuestro carácter cuando los dos entran en conflicto en cualquier caso particular de conducta. Y por eso se dice con verdad que nadie salvo una persona de confirmada virtud es completamente libre.[33]

Se dice, sí, ¿pero "con verdad"? Y "espontaneidad" parece flotar alrededor en lo que atañe a la mera in-

---

[32] *Ibid.*, p. 25.

[33] *Ibid.*, p. 28.; la cita de Mill proviene de *Collected Works of John Stuart Mill*, editor general John M. Robson, Routledge, Londres, 1963-91, vol. VIII (¡de XXXIII!), en la p. 841.

teligibilidad. Skorupski habla de "un sentido filosófico tradicional en el cual una volición o acción espontánea es aquella que emana directamente de nuestra propia naturaleza",[34] pero luego parece alejarse –al invocar algo a lo que llama "racionalidad inmanente"–[35] hacia un sentido más estrictamente *filosófico* que se ha de encontrar en la tradición que abarca por lo menos desde Kant, que introdujo su concepción de la espontaneidad al comienzo de la segunda parte de la Doctrina Trascendental de los Elementos en su *Crítica de la razón pura*,[36] hasta John McDowell y las expresiones de su propia concepción (o concepciones) al respecto en *Mind and World*.[37] A pesar de la supuesta influencia alemana en el pensamiento de Mill, habría resultado instructivo que Skorupski explorara la posibilidad de que todo lo que exige su exposición de las ideas de

---

[34] J. Skorupski, *Why Read Mill Today?*, p. 30.

[35] *Idem.*

[36] Así, en la edición de Kemp Smith (Londres, Macmillan, 1929): "Nuestro conocimiento surge de dos fuentes fundamentales de la mente; la primera es la capacidad de recibir representaciones (receptividad de las impresiones); la segunda es la facultad de conocer un objeto a través de tales representaciones (espontaneidad [en la producción] de los conceptos)" (A50, B74). O de nuevo: "Si a la *receptividad* de nuestra mente, su capacidad de recibir representaciones siempre que se vea afectada de alguna manera, hemos de llamarla *sensibilidad*, luego a la capacidad de la mente de producir representaciones a partir de sí misma, a la *espontaneidad* del conocimiento, se le debería llamar *entendimiento*" (B75, A51).

[37] Cambridge, Mass., 1994. Así: "La idea kantiana original era que el conocimiento científico es resultado de una cooperación entre receptividad y espontaneidad. (En este caso, 'espontaneidad' puede ser simplemente una etiqueta para la intervención de las capacidades conceptuales.)" (p. 9). Aunque unas páginas más adelante, al reflexionar sobre "parte del sentido de la idea de que el entendimiento es una facultad de la espontaneidad", McDowell hace una glosa de esa idea diciendo "que las capacidades conceptuales son capacidades cuyo ejercicio está en el dominio de la libertad responsable" (p. 12). (Sólo espero fervientemente que aquellos a quienes Charles Taylor censura por actuar, según sus palabras, por una "necesidad demasiado grande de confort" no sean acusados también por McDowell –o por Mill o Skorupski– de manifestar "libertad *irresponsable*": el tono de Bowra era sin duda mucho más sano en estas cuestiones.)

Mill en *Sobre la libertad* es una noción (ahora) bastante común y nada problemática de espontaneidad: la del hecho o cualidad de producirse sin reflexión profunda o premeditación.[38]

Confío en que no hace falta que niegue aquí cualquier relación con la tesis salvajemente anacrónica de que Mill, en virtud de la claridad de su tesis clave de que la "libertad consiste en hacer lo que uno desea",[39] anticipó la distinción de Berlin entre libertad positiva y negativa, ni tampoco con la idea apenas ligeramente menos estúpida de que esa claridad muestra que no hay ningún otro elemento presente en el pensamiento de Mill acerca de a qué equivale la libertad.

2. El riesgo de que un apego profundo a la libertad, a "buscar nuestro propio bien a nuestra manera",[40] pudiera conducir a la adopción entusiasta de una "Filosofía Social"[41] equivalente a los fetichismos contemporáneos con las políticas públicas del *laissez faire*, los efectos "goteo" y similares, en general fue conjurado en el caso de Mill por su utilitarismo, por su apego comparable al credo que sostiene "que las acciones son correctas en proporción a su tendencia a promover la felicidad, incorrectas en la medida en que tienden a producir lo contrario de la felicidad", donde por "felicidad se piensa en el placer, y la ausencia de dolor", por "infelicidad, en el dolor, y la privación de placer",[42] y donde cuando se trata de elegir entre la

---

[38] Así *The Oxford English Dictionary* (Oxford, Clarendon Press, 2a. ed., 1989, preparado por J. A. Simpson y E. S. C. Weiner), vol. XVI, en la p. 307. Según lo consigna el *OED*, la primera vez que se usó de esta manera data de 1826; confieso no tener ninguna idea de la frecuencia con que se usaba en la época del escrito de Mill *Sobre la libertad*.

[39] *OL*, cap. V, p. 152.

[40] *OL*, cap. I, p. 75.

[41] *A*, p. 141.

[42] *Utilitarianism*, en *Utilitarianism, Liberty, Representative Government* –en adelante *U*–, cap. II, p. 6.

propia felicidad de un agente y la de los otros "el utilitarismo le exige ser tan estrictamente imparcial como un espectador desinteresado y benevolente".[43]

En cuanto a su pretensión de presentar "el fundamento de la moralidad",[44] me parece que *El utilitarismo* es una de las expresiones menos convincentes del consecuencialismo, por razones que se encuentran en las obras de muchos otros filósofos, incluidos filósofos de muchas otras generaciones. Aquí solamente ofreceré dos observaciones, bastante generales, que quizás no suelen ser suficientemente atendidas. En primer lugar, la idea misma de *el* fundamento de la moralidad me parece una manifestación simple, y simplemente sospechosa, de "la obsesión típicamente filosófica de buscar y encontrar las raíces de [la naturaleza de la moralidad en general] en alguna única fuente unitaria, sea la razón, Dios, las emociones humanas, la utilidad social o alguna otra monada filosófica".[45] Aceptar este punto cuando menos podría haber ayudado a aliviar la ansiedad enteramente obvia en cuanto a cómo, por ejemplo, se iba a conciliar *El utilitarismo* con *Sobre la libertad*. En segundo lugar, la presencia en la lista de monadas filosóficas de Strawson del término "Dios" – cuyo concepto correspondiente yo, al igual Strawson,[46] encuentro profundamente problemático– me alienta a mencionar otra dificultad conceptual que afrontan no sólo casi todas las versiones del utilitarismo, sino inclu-

---

[43] *Ibid.*, cap. II, p. 16.

[44] *Ibid.*, cap. I, p. 6.

[45] P. F. Strawson, "Mark Platts on the Metaphysics of Morals", en Pranab Kumar Sen y Roop Rekha Verma (eds.), *The Philosophy of P. F. Strawson*, Nueva Delhi, Indian Council of Philosophical Research, 1995, en la p. 433.

[46] Véase su "Intellectual Autobiography", en Lewis Edwin Hahn (ed.), *The Philosophy of P. F. Strawson*, Chicago, Open Court, 1998, pp. 3-21, en especial la p. 21.

so la mayoría de las versiones de lo que se podría llamar "consecuencialismo causal".

Es bien conocida la distinción entre el utilitarismo de las acciones y el utilitarismo de las reglas: entre la idea, esto es, de que las decisiones morales deberían proceder por determinación de las consecuencias en términos de la utilidad de la posible acción particular que se está contemplando, por un lado, y la idea de que debería proceder por determinación de las consecuencias en términos de la utilidad del tipo de acción de la que se trataría, de la adopción de una regla de conducta que favorece el tipo en cuestión. Para plantear aquí la dificultad de la manera más breve: la determinación de las consecuencias probables de la posible acción particular que se está contemplando sólo parece factible, al menos si presuponemos alguna explicación humeana (o milliana) del conocimiento posible de las relaciones causales, mediante la consideración del tipo de acción de la que se trataría: la determinación de las consecuencias probables de "el" tipo de acción de la que se trataría sólo parece factible, suponiendo la seguramente no tendenciosa idea de que cualquier posible acción particular vendría a ejemplificar en realidad un número potencialmente interminable de tipos de acciones, mediante la consideración de la acción en toda su particularidad –pues cada uno de esos tipos con su regla de conducta correspondiente podría tener consecuencias utilitaristas distintivas (algunas con consecuencias positivas, otras de hecho con consecuencias negativas). Así, el utilitarismo de las acciones parece venir a descansar en un utilitarismo de las reglas que parece, a su vez, venir a asentarse en un utilitarismo de las acciones que parece, a su vez, venir a asentarse en...¡!

Uno o dos ejemplos podrían ayudar aquí. Mill expresa un escepticismo espléndido fundado en las realidades del "despotismo familiar"[47] cuando alaba a los sansimonianos por

> ...la audacia y la falta de prejuicios con que trataban el tema de la familia, el más importante de todos, y el más necesitado de alteraciones fundamentales que quedan por hacer cuando se trata de las grandes instituciones sociales; pero en el que casi ningún reformador tiene el valor de meter mano.[48]

Extrañamente, sin embargo, las observaciones de Mill sobre la cuestión del matrimonio son a menudo bastante más indulgentes al respecto:

> Las leyes de la mayoría de las naciones son bastante peores que la gente que las ejecuta, y muchas de ellas sólo logran seguir siendo leyes porque pocas veces o nunca llegan a ponerse en práctica. Si la vida marital fuera todo lo que se pudiera esperar, ateniéndose exclusivamente a las leyes, la sociedad sería un infierno terrenal.[49]

Sin embargo, existen unos cuantos focos de infierno. Escribiendo sobre el matrimonio de Thomas Carlyle, colaborador ocasional y contemporáneo de Mill, casado con alguien de personalidad igualmente desagradable –Jane Welsh–, Samuel Butler, el novelista del siglo XIX, dijo esto:

> Estuvo muy bien de parte de Dios dejar que Carlyle y la señora Carlyle se unieran el uno al otro en matrimonio, y con ello se amargara la vida sólo a dos personas en lugar de a cuatro, además de ser bastante divertido.[50]

---

[47] *A*, p. 127.
[48] *Ibid.*, p. 101.
[49] J. S. Mill, *The Subjection of Women*, cap. 2.
[50] Samuel Butler, *Letters Between Samuel Butler and Miss E.M.A. Savage 1871-1885* (1935), 21 de noviembre de 1884.

Haciendo a un lado a Dios, por decirlo así, tratemos ahora de imaginar –no resultará tarea fácil para aquellos que me conocen bien– que en algún momento, cuando era yo un joven soltero, deseaba aplicar la teoría utilitarista para decidir entre casarme o no, digamos, con la señorita Mary Poppins, con la esperanza de por esta vía al menos reducir el riesgo de terminar encontrándome en un matrimonio estilo Carlyle. Al menos para nosotros los humeanos, la formación de cualquier creencia mínimamente razonable en cuanto a las consecuencias causales probables de la acción contemplada requeriría que ésta se viera como ejemplificación de algún tipo cuando menos potencialmente recurrente –de hecho, realmente recurrente–: pero no siendo Elizabeth Taylor y Richard Burton, ni siquiera Frida Kahlo y Diego Rivera, la experiencia pasada no ofrece ninguna guía para las consecuencias probables de llevar a cabo una acción del "tipo" "Mark Platts se casa con Mary Poppins", ni siquiera para las consecuencias causales probables de llevar a cabo acciones de los "tipos" "Alguien se casa con Mary Poppins" o "Mark Platts se casa con alguien". Pero si en lugar de ello dirigiéramos la atención a tipos más genuinos, y así a posibles reglas de conducta más genuinas, surgiría de inmediato el problema de que la lista potencialmente interminable de descripciones "puras" de mí mismo, de Mary Poppins, y del acto de casarse, y por lo tanto de reglas de conducta potencialmente pertinentes, podría diferir de la manera más drástica en cuanto a las probables consecuencias causales de ejemplificar diferentes elementos de la lista: de hecho, hay incluso descripciones en las cuales me aproximo a Carlyle, y Mary P. ¡a la Sra. C.! Pero regresar a nuestras particularidades y a la de la acción que estamos contemplando simplemente nos devuelve a la otra parte inicial de nuestro problema.

O considérese otro ejemplo posible, relacionado con el "espectador desinteresado y benévolo" de Mill: una expresión que queda lejos de ser afortunada, pues benevolencia –"una disposición a hacer el bien: un acto de bondad; generosidad; una dotación de dinero, en especial para apoyar a los pobres"–[51] se relaciona con participantes, no con espectadores. Imaginemos ahora a Oscar Wilde al final de sus días viviendo en París, rechazado por casi todos sus antiguos amigos y conocidos: no obstante, uno de ellos –el crítico, ensayista y caricaturista Max Beerbohm– está tratando de decidir si ayuda a Wilde, cuando menos económicamente. Imaginemos también que Beerbohm desea recurrir a la teoría utilitarista para determinar si ayuda o no a Wilde, y entonces desea determinar las probables consecuencias causales en términos de utilidad si decidiera ayudar. Como buen humeano que es él, Beerbohm sabe que el "tipo" de acción "Max Beerbohm ayuda al necesitado Oscar Wilde" nunca antes ha sido ejemplificado, y así llega a valorar la dificultad que yace aquí: ¿de la lista potencialmente interminable de descripciones posibles de la acción que estamos contemplando, y luego de la lista potencialmente interminable de reglas de conducta benévola *y sus límites*, cómo ha de dar él exactamente con las que debe invocar al determinar las probables consecuencias causales de la acción contemplada, sin simplemente volver –inútilmente– a la particularidad del acto en cuestión?

Algunos podrían pensar que este ejemplo es bastante menos problemático que el anterior del matrimonio (aunque la supuesta diferencia podría desaparecer si Mary Poppins –¡el cielo no lo permita!– estuviera embarazada); dado el hecho de que Wilde está en necesidad extrema *y apremiante* de ayuda, y el hecho de

---

[51] *The Chambers Dictionary*, Edimburgo, Chambers, 1993.

la indiferencia de los demás, Beerbohm debería interrumpir sus deliberaciones y optar rápidamente por, digamos, la descripción "ayudar a alguien que esté en necesidad extrema y urgente cuando los demás son indiferentes" y actuar conforme a la regla correspondiente de benevolencia. Pero ahora damos otra vuelta de tuerca cuando nuestro Beerbohm imaginariamente utilitarista recuerda que una vez alguien hizo la observación de que era extraño que cierta persona tuviera tantos enemigos ya que nunca había tratado de ayudar a nadie. ¿No se debería tomar en cuenta esa consecuencia causal posible, tal vez de hecho probable, de ayudar a otra persona dentro del cálculo utilitarista, aun en situaciones de urgencia? Y ahora, en caso de que ustedes todavía no lo hayan adivinado, tal vez debería yo añadir que la observación citada ¡fue hecha por el propio Oscar Wilde hablando precisamente de Max Beerbohm!

Podría también ser útil comparar el argumento expuesto aquí con otro que se encuentra en uno de los pocos ejemplos afortunados de autobiografía filosófica del siglo XX, el de R.G. Collingwood. Al discutir un modelo de deliberación práctica en el que un agente siempre decide qué hacer por referencia a reglas, Collingwood hace tres afirmaciones principales, la primera es que este modelo debe presumir otro:

> Supongamos que te encuentras en una situación de un tipo dado S; y supongamos que quieres obtener un resultado de un tipo dado R, y hay una regla según la cual en una situación del tipo S la manera de conseguir un resultado de tipo R es ejecutando una acción de tipo A. Tal vez conozcas esta regla, pero, ¿cómo lo sabes? O por tu propia experiencia o por la de alguien más. En cualquiera de esos casos, se ha acumulado cierto cuerpo de experiencia antes de que cualquiera pueda conocer la regla... Por consiguiente, tiene que haber un tipo de acción que no esté determinado conforme

a una regla, y en el que el proceso vaya directamente del conocimiento de la situación a una acción apropiada para esa situación...[52]

Exactamente qué entraña esto y, por lo tanto, exactamente cómo se ha de entender la posibilidad consecuente de conocimiento es algo que explican tanto una segunda afirmación, que la necesidad de actuar de otra manera que no sea conforme a la regla puede surgir de "la inexperiencia del agente y de su ignorancia de la vida",[53] de no "tener el único tipo de percepción que puede decirle qué reglas aplicar, no en una situación de un tipo específico, sino en la situación en la que realmente [se encuentra]",[54] como una tercera afirmación en el sentido de que una necesidad semejante puede surgir aun "para personas de experiencia e inteligencia" cuando toman "muy en serio" una situación:[55]

> Conoces una regla para manejar situaciones de este tipo, pero no estás contento con aplicarla, porque sabes que actuar conforme a reglas siempre supone cierta discrepancia entre tú mismo y tu situación.[56]

Se puede intentar reducir esta discrepancia modificando la regla en cuestión, tomando en cuenta cada vez más rasgos de la situación específica y con ello de las acciones posibles, pero luego "las modificaciones pronto se vuelven tan complicadas que la [regla] ya no [es] de uso práctico".[57] Y así, en lugar de "afe-

---

[52] R. G. Collingwood, *An Autobiography*, Oxford, Clarendon Press, 1939, p. 103.

[53] *Ibid.*, p. 105.

[54] *Ibid.*, p. 101.

[55] *Ibid.*, p. 105.

[56] *Ibid.*, p. 104.

[57] *Ibid.*, p. 105.

rrarse a la moralidad de baja calidad de la costumbre y el precepto"[58] y con ello de cerrar los ojos a "las realidades de la situación",[59] podrías "volver e improvisar, lo mejor que puedas, un método para manejar la situación en la que te encuentras"[60] recurriendo al tipo de *percepción* de la situación específica que el estudio histórico, afirma Collingwood, puede ayudarnos a desarrollar[61] y que de cualquier modo interviene, al parecer, tanto en el tipo de acción que se presume que ocurrirá antes de que "cualquiera pueda conocer la regla"[62] y subsecuentemente al saber "qué reglas aplicar [...] en la situación en la que [el agente] realmente [se encuentra]".[63]

Tal vez no queda del todo claro, al menos en las posturas expresadas en su autobiografía, si las especulaciones ontogenéticas de Collingwood tenían o no como propósito mostrar la necesidad *de la misma* "percepción" dentro del uso del supuesto modelo de deliberación práctica basado en "reglas previas", que también se consideró necesaria para los casos de "inexperiencia del agente y de su ignorancia de la vida" y para aquellos de "personas de experiencia e inteligencia" en los cuales una duda se resuelve en términos de exactamente "qué reglas aplicar". Si ése era el propósito de Collingwood, el error en sus especulaciones sería un poco como el encontrado en aquellos pensadores que, al intentar mostrar la existencia de ideas innatas, usan el mismo término –"idea"– tanto para alguna capacidad, digamos clasificatoria, adquirida a través de la experiencia como para la disposición o facultad de ad-

---

[58] *Ibid.*, p. 106.
[59] *Idem.*
[60] *Ibid.*, p. 105.
[61] *Ibid.*, pp. 100, 101.
[62] *Ibid.*, p. 103.
[63] *Ibid.*, p. 101.

quirir esa capacidad.[64] Ahora bien, aunque en el argumento que he planteado aquí no se dice ni se presume nada acerca de cómo podría un agente dar, o incluso tal vez simplemente toparse, con alguna regla "exitosa" que se relacione con situaciones de un determinado tipo, con un resultado deseado de un determinado tipo, y con una acción de un determinado tipo, mi argumento hasta cierto punto sí se hace eco de las dudas en cuanto al valor de cualquier regla así una vez que se ha dado con ella; pero lo que Collingwood piensa sobre el papel o los papeles que cumple "percepción" en la adquisición de conocimiento causal predictivo, trátese del papel limitado para el inexperto e ignorante, o amplio para abarcar también las deliberaciones "muy serias" de los experimentados e inteligentes o incluso para abarcar *todas* las deliberaciones humanas prácticas, es otro asunto.

Tal vez no sea una gran sorpresa el hecho de que un filósofo de la historia de la época y el estilo de Collingwood haya tenido tan escasa paciencia con las explicaciones humeanas del conocimiento de las relaciones causales, sea ese conocimiento predictivo o de otro tipo. Sin embargo, no puede haber ahora[65] nada obvio en el pensamiento de que, dentro del contexto de las deliberaciones prácticas, cualquier evidencia (inductiva) humeana pertinente tiene que plantearse en los mismos términos que se usan cuando el agente contempla el tipo probable de resultado de ejecutar una acción del tipo A dentro de la situación en la cual se encuentra; y sin evidencia en ese sentido –sin, en efecto, ninguna regla subyacente así *sean cuales sean los términos en que se formule*– es difícil ver, al menos en

---

[64] Véase P. F. Strawson, *The Bounds of Sense*, Londres, Methuen, 1966, p. 69.

[65] Véase Donald Davidson, "Causal relations", en sus *Essays on Actions and Events* Oxford, Clarendon Press, 1980, pp. 149-162.

general, cómo el conocimiento predictivo, o incluso simplemente la creencia razonable, podría siquiera ser posible. Pero aceptar este pensamiento cuasihumeano en contra de Collingwood sirve simplemente para subrayar la muy distinta dificultad, aprovechada en mi argumento aquí, que surge debido a la existencia de muchas (demasiadas) reglas potencialmente subyacentes en cuanto a los resultados potenciales de ejecutar la acción contemplada como sus descripciones difieran. Recurrir a la "percepción" de Collingwood parece tan poco efectivo para resolver esa dificultad como lo es para dar cuenta de la posibilidad general del conocimiento predictivo de secuencias causales singulares con independencia de consideraciones inductivas.

Tal vez vale la pena mencionar que el escepticismo que aquí se defiende es muy diferente del escepticismo de tipo más cotidiano que se expresa en otra interesante contribución autobiográfica de un filósofo del siglo XX. En el texto escrito en 1954[66] para el volumen que *La Biblioteca de los Filósofos Vivos* [*The Library of Living Philosophers*] publicó en su honor –que creo que él rebautizó como *La Biblioteca de los Filósofos Moribundos*–, C. D. Broad, antiguo profesor Knightsbridge de Filosofía Moral en la Universidad de Cambridge, insistió en "el papel de gran magnitud que desempeña la casualidad, en un sentido muy definido y conocido de esta palabra, en los asuntos humanos":

> Por "casualidad" entiendo aquí aquellos factores que efectivamente tienen una influencia importante en la vida de una persona, pero que o escapan por completo a su conocimiento, o tienen efectos que no puede posiblemente prever o conjeturar racionalmente... Estoy convencido de que los se-

---

[66] Paul Arthur Schilpp (comp.), *The Philosophy of C.D. Broad*, Tudor Publishing Company, Nueva York, 1959, pp. 3-68; la cita siguiente se encuentra en la p. 66.

res humanos en general, y tal vez los académicos en particular, desperdician una gran cantidad de tiempo y energía en fútiles deliberaciones privadas y debates. Los factores que alcanzan a percibir y pueden tomar en cuenta siempre son una exigua selección de aquellos que son de hecho pertinentes y útiles; las consecuencias más remotas aun de esa exigua selección rara vez se pueden prever con exactitud; y las consecuencias que las alternativas rechazadas habrían tenido, de haber sido elegidas, difícilmente pueden llegar a adivinarse. Así que ¿de qué sirve armar todo este alboroto antes de llegar a decisiones importantes y de gran alcance?

En nuestros propios tiempos, James Griffin[67] ha insistido en un argumento por lo menos similar (aunque sin la complacencia de la observación final de Broad). No obstante, dependiendo de exactamente cuán fuerte se deba considerar que es este escepticismo, a primera vista parece vulnerable a lo que se podría llamar la respuesta de Shylock (o alguna variante más mooreana de ella):

Si nos pinchan, ¿acaso no sangramos? Si nos hacen cosquillas, ¿acaso no reímos? Si nos envenenan, ¿acaso no morimos? Y si nos tratan injustamente, ¿no habremos de vengarnos? Si nos parecemos en todo lo demás, también nos pareceremos en esto. Si un judío insulta a un cristiano, ¿cuál será la humildad de éste? La venganza. Si un cristiano ultraja a un judío, ¿qué nombre deberá llevar la paciencia del judío si quiere seguir el ejemplo del cristiano? Pues venganza.[68]

Pero esta invocación a una humanidad compartida, y con ello a una respuesta humana común y predecible, es desde luego exagerada: sin aventurarnos a entrar en las ciencias médicas, todos sabemos seguramente

---

[67] Principalmente en *Value Judgement. Improving Our Ethical Beliefs*, Oxford, Nueva York, Clarendon Press, Oxford University Press, 1996 y *On Human Rights*, Oxford, Oxford University Press, 2008.

[68] William Shakespeare, *El mercader de Venecia*, acto 3, escena 1.

–casi podríamos llamarlo el argumento de Porcia– que no hay nada estadísticamente inevitable acerca de la venganza, de hecho ni siquiera acerca de desearla (un asunto para la "casualidad" de Broad, si alguna vez hubo uno). La cadena de consecuencias futuras previsibles puede romperse muy pronto en los asuntos humanos.

3. Creo que ha llegado el momento de sincerarme y admitir –aunque tal vez esto ya se ha hecho evidente desde hace un buen rato– que, a pesar de las considerables virtudes de *Sobre la libertad*, la obra de Mill que estoy seguro que seguiré releyendo con placer y beneficio es su *Autobiografía*. También debería admitir que la razón de ello es hasta cierto punto más, por decirlo así, clínica que filosófica, con las estaciones de las Tinieblas y de la Luz alternándose dentro de la obra de maneras de las que el propio Mill apenas parece percatarse. Supongo que él debe haber tenido por lo menos una conciencia parcial de la naturaleza encadenada de una línea en su vida que va de una educación temprana a cargo de su padre e inspirada por Jeremy Bentham, de la cual los miembros al corriente de sus cuotas de la escuela de educación de Thomas Gradgrind, en la novela de Dickens *Tiempos difíciles*, seguramente se habrían sentido orgullosos –"Ahora, lo que quiero son, Hechos [...] Lo único que se quiere en la vida son Hechos"–,[69] pasando por la aguda melancolía que Mill habría de experimentar en el invierno de 1826-1827 y que, tal vez no sea ninguna sorpresa, él atribuyó en el primer borrador de su autobiografía a "causas físicas (conectadas tal vez con la época del año)"[70] y que iba a proseguir hasta que "un débil

---

[69] C. H. Dickens, *Hard Times* (1854), libro I, cap. 1.

[70] Citado por Stillinger en su edición de *A*, *op. cit.*, n. 1 en la p. 80.

rayo de luz penetró en [sus] tinieblas" cuando estaba leyendo, "casualmente", el relato de Jean François Marmontel sobre la muerte de su padre: Mill "rompió a llorar" por la "vívida representación de la escena y de su emoción",[71] y el aligeramiento de la carga que aparentemente había sentido entonces se habría de completar, en el otoño de 1828, con su primera lectura de la poesía de Wordsworth[72] –Wordsworth, el poeta, como con tanta frecuencia se ha señalado, para los previamente no poéticos[73] y cuyo "poder curativo" Harold Bloom describe casi como si tuviera en mente a Mill, en la capacidad de Wordsworth para enseñar

> ...precisamente lo que él sabía que podía enseñar: cómo convertirse, con serias limitaciones, en un espíritu renovado, libre de una autoconciencia incapacitante, y aun así disfrutar de los variados dones de una conciencia despierta.[74]

La confrontación con el punto de vista de Bentham difícilmente podría haber sido más marcada: "[E]ntre poesía y verdad hay una oposición natural: moralidad falsa, naturaleza ficticia... La verdad, exactitud de todo tipo, es fatal para la poesía."[75]

Hay menos conciencia, supongo, de parte de Mill de lo que está sucediendo en su representación más persistente y aún más vívida de las edades de sabi-

---

[71] *A*, p. 85.

[72] Véase *A*, p. 88.

[73] Supongo que hay una necesidad semejante de filósofos para aquellos inicialmente sin filosofía (en oposición, digamos, con un filósofo para filósofos como Strawson –véase el prefacio de Zak Van Straaten a *Philosophical Subjects*, Oxford, Clarendon Press, 1980, en la p. v); esto no revela gran deseabilidad, sin embargo, en una comunidad académica que consiste exclusivamente en el primero.

[74] *The Best Poems of the English Language*, Nueva York, Harper-Collins, 2004, p. 323.

[75] Citado del Libro III, cap. I, de Bentham, *The Rationale of Reward* (1825) por A. Stillinger, n. 9 en la p. 68.

duría e insensatez cuando habla de las supuestas virtudes extraordinarias de su esposa, "la pensadora más profunda y de mayores miras y claridad" que jamás hubiera conocido, "así como la más consumada en sabiduría práctica",[76] y de la igualmente presumida condición patética de su madre: la esposa Harriet sobre cuya tumba en el cementerio de Saint-Véran, cerca de Avignon, Mill había mandado inscribir el epitafio:

> Si hubiera tan sólo unos cuantos corazones e intelectos como el suyo, este mundo ya se convertiría en el esperado cielo[77]

y que parece haber sido la única persona capaz de inducir en Mill algún tipo de escepticismo en lo que atañe a las opiniones de su padre –sobre el tema de la necesidad del voto femenino– y la madre, también Harriet, sobre quien Mill había escrito las observaciones más cáusticamente desdeñosas, las cuales fueron eliminadas de la versión final, publicada, de la *Autobiografía* sólo por la insistencia de la esposa (observaciones que seguramente en el México contemporáneo habrían conducido a que se expulsara a Mill del país) – la madre por cuyas "reconvenciones nunca tuve la menor consideración"[78] y de quien Mill fue capaz de decir que "para lograr que la quisieran, la respetaran o incluso la obedecieran, necesitaba cualidades que, por

---

[76] En la entrada del 8 de febrero de 1854 del Diario de Mill; citado por F. A. Hayek, *John Stuart Mill and Harriet Taylor: Their Correspondence and Subsequent Marriage*, Chicago, The University of Chicago Press, 1951, p. 193. Quizás Bentham habría dado su aprobación al menos a la esposa que escribió a su esposo John Stuart exhortándolo "a mostrar cómo la religión y la poesía llenan la misma necesidad" y "cómo todo esto puede ser reemplazado con la moralidad que extrae su poder de las simpatías y la benevolencia, y sus recompensas de la aprobación de aquellos a quienes respetamos": en una carta, 14 y 15 de febrero, 1854, citado en *ibid.*, p. 195.

[77] Véase M. St. J. Packe, *Life of John Stuart Mill*, Londres, Seeker and Warburg, 1954, libro 7, cap. 3.

[78] Citado por J. Stillinger, A, n. 11 en la p. 21.

desgracia, no poseía".[79] Aunque, según parece, el desprecio de Mill por su familia no se restringía a su madre; he aquí Mill en una carta llena de enfado dirigida a su hermano George Grote Mill:

> Profesas haberte sentido enormemente ofendido porque supiste de nuestra intención de casarnos "sólo de segunda mano". La gente generalmente se entera de los casamientos de "segundas mano", creo. Si lo que quieres decir es que no te escribí para informarte al respecto, no conozco ninguna razón por la cual tuvieras que esperar que lo hiciera. Informé a tu madre y a tus hermanas y sabía que te informarían, pero no se lo dije en virtud de que tuvieran algún derecho a ser informadas, ya que mis relaciones con todas ellas han sido siempre de un tipo demasiado frío y distante como para darles el mínimo derecho o razón de esperar de mí algo más que la civilidad común y corriente...[80]

El desprecio tampoco era exclusivo de John Stuart, al menos si se ha de creer a su hermana Clara Esther: "Yo (y soy la única en esta casa) he visto tu correspondencia… en la que expresas con suficiente claridad tus opiniones sobre todos nosotros, y que hay algunos de nosotros, me incluyo en el resto, a quienes tienes en la misma estimación que mi padre nos tuvo."[81]

Sin abandonar por completo lo clínico, una manera de volver a lo filosófico es a través de los comentarios no gradgrindianos de Mill, en la *Autobiografía*, acerca de la filosofía de la educación en general y quizás acerca de la educación filosófica en particular: comentarios que me parecen tan sólidos como aquellos que sobre los mismos temas se encuentran en la autobiografía fi-

---

[79] Citado por J. Stillinger, *ibid.*, n. 3 en la p. 33.

[80] 4 de agosto de 1851: citado en F. A. Hayek, *John Stuart Mill and…*, en las pp. 178-179.

[81] En una carta a John Stuart Mill, del 3 de marzo de 1852: *ibid.*, p. 180.

losófica de Collingwood.[82] Algunos de los comentarios de Mill merecen ser citados en una extensión aun mayor:

No sé de nada, en mi educación, con lo cual crea estar más en deuda [que con su "experiencia práctica temprana con la lógica escolar"] por la capacidad de pensamiento que haya alcanzado, cualquiera que sea. La primera operación intelectual en la que llegué a algún nivel de competencia fue disecar un mal argumento, y encontrar en qué parte yace la falacia […]. Estoy convencido de que no hay nada en la educación moderna que tienda tanto, cuando se utiliza adecuadamente, a formar seres con un pensamiento exacto, que confieren un significado preciso a palabras y proposiciones, y en quienes no se imponen términos vagos, poco precisos o ambiguos… [La lógica] es también un estudio peculiarmente adaptado a una etapa temprana de la educación de los estudiantes de filosofía, pues no presupone el lento proceso de adquirir, por experiencia o reflexión, pensamientos valiosos propios. [Los estudiantes] pueden llegar a ser capaces de desenmarañar lo intrincado de un pensamiento contradictorio y confuso, antes de que sus propias facultades de pensamiento estén mucho más avanzadas; un poder del que, por falta de una disciplina así, muchos hombres por lo demás capaces carecen; y cuando tienen que responder a oponentes, sólo intentan, con tantos argumentos como pueden manejar, apoyar la conclusión opuesta, pocas veces siquiera intentando incluso refutar los razonamientos de sus antagonistas…[83]

Tal vez un modelo algo combativo, y seguramente algo condescendiente, aunque sospecho que en el México de hoy una acusación más común contra los comentarios de Mill se relacionaría con la, supuestamente excesiva, cautela en ellos en lo que atañe a los poderes de la filosofía.

---

[82] R. G. Collingwood, *An Autobiography*.
[83] *A*, pp. 13-14.

Recientemente, en una carta verdaderamente extraordinaria dirigida a *La Jornada*[84] en favor de "la permanencia de la enseñanza de la filosofía en las escuelas de educación media", los "promotores de derechos humanos del STUNAM" se sintieron en posición de afirmar lo siguiente en favor de dicha enseñanza:

> nos habla de la moral que se asiste de la ética y la lógica, que son factores necesarios y permanentes en la vida.
>
> Los alumnos de esta enseñanza ejercitarían su voluntad, que se tornaría virtuosa en sus actividades cotidianas en una sociedad de convivencia entre gobernados y gobernantes, que generaría bienestar social con honradez, que se traduciría en felicidad comunal.
>
> La moral dignifica al ser humano sin límite de fronteras de edad; esta educación moral haría las veces de vacuna para prevenir y erradicar las endemias de corrupción, tan arraigadas en la actualidad; los egresados de la educación moral sabrán tomar el camino de lo justo y erradicar lo injusto… y así poder ver la forma humana de la existencia con rectitud, erradicando el engaño y la mentira.

Tal vez sea simplemente porque tengo lo que Mill llamó "una mente ahora irrecuperablemente analítica"[85] o porque comparto el escepticismo de Mill, al que aludí antes en relación con Comte, acerca de cualquier sistema " en el cual los filósofos se organizaran en un tipo de jerarquía corporativa, investida de casi la misma supremacía espiritual (aunque sin ningún poder secular) que alguna vez tuvo la Iglesia católica",[86] pero me siento obligado a preguntar: ¿acaso los sin duda bienintencionados "promotores de derechos humanos del STUNAM" nunca han conocido a ningún estudiante de filosofía de la vida real, egresa-

---

[84] 18 de agosto del 2011, p. 4.
[85] *A*, p. 84.
[86] *Ibid.*, p. 127.

do o no, ni a uno solo de sus maestros? ¿Nunca se han molestado en preguntar *cómo* sería posible que lo que realmente ocurre dentro de una educación filosófica –o incluso cualquier cosa que concebiblemente pudiera ocurrir dentro de algo digno de ese nombre– pudiese producir esa transformación de pasar, más o menos, de las Tinieblas, digamos, a los dieciséis años de edad, a la Luz perfecta digamos a los veintitrés? Comparemos la idea, sólo marginalmente menos cómica, de que lo que realmente ocurre dentro de la educación de los estudiantes de medicina podría de alguna manera volverlos capaces de manejar todos los problemas de salud cuando esta última noción se entiende, según los dictados de la Organización Mundial de la Salud, como "un estado completo de bienestar físico, mental y social, y no meramente la ausencia de enfermedad o dolencia".[87] Por problemático que pueda ser su contenido exacto, estoy dispuesto a darle crédito a la afirmación de que la sociedad mexicana contemporánea tiene sus raíces relativamente distantes en otras que dependían cuando menos en una parte considerable de las prácticas supuestamente mágicas de sus clases sacerdotales; pero los filósofos contemporáneos no tienen ningún derecho razonable –como tampoco lo tienen los trabajadores de la salud contemporáneos– a

---

[87] Véase Larry Laudan, "Medicina coercitiva: paternalismo y salud pública", en Olbeth Hansberg y Mark Platts (comps.), *Responsabilidad y libertad*, México, Instituto de Investigaciones Filosóficas-UNAM/FCE, 2002, pp. 87-99. Mucho antes, Thomas S. Szasz había acuñado el término "medignosis" para "la doctrina de que todos los problemas humanos son enfermedades médicas que se pueden curar mediante intervenciones terapéuticas apropiadas, impuestas al paciente por la fuerza si es necesario" (*The Second Sin*, Londres, Routledge and Kegan Paul, 1973, p. 119) por miembros de la "profesión" médica, equivalente, supongo, a la idea de redención espiritual mediante el conocimiento médico. Los citados miembros del STUNAM aparentemente han inventado una doctrina alternativa de "sofignosis", la cual tiene tanto a su favor como la que Szasz calificó de "fobosofía" (*ibid.*, p. 24).

comportarse como sacerdotes. Tampoco, desde luego, lo tienen los sacerdotes, pero ése es otro asunto.

La hipérbole ridícula de los "promotores de derechos humanos del STUNAM" no es la manera de contraatacar a los filisteos de hoy acerca de la filosofía y las humanidades, y de algún modo sólo alcanza a mostrar que ni siquiera la concepción cauta pero prácticamente viable de Mill sobre la educación filosófica se esté realizando de manera suficiente y efectiva en el México de hoy. Esa concepción está lejos de constituir una defensa de lo que Collingwood llamó "los diminutos filósofos de [su] juventud", con "el distanciamiento puramente científico que profesaron tener con respecto a los asuntos prácticos",[88] ni de aquellos filósofos contemporáneos que continúan afirmando con orgullo la inutilidad de su disciplina. Por el contrario: el pensamiento claro y el razonamiento meticuloso no generarán transformaciones mágicas, pero sí representan la única posibilidad de que aquellos de nosotros que caemos dentro de las grises sombras de la humanidad y deseamos aminorar nuestras deficiencias pudiéramos aligerarnos un poco y así dar luz a las sombras que proyectamos sobre otros. El fascismo, escribió Collingwood en la víspera de la Segunda Guerra Mundial, "significa el fin del pensamiento claro y el triunfo de la irracionalidad",[89] un mensaje no perdido en las dictaduras militares en países como Argentina que atacaron con una brutalidad típica y atroz a los herederos analíticos de la concepción milliana de la filosofía y su enseñanza. El fascismo no es, desde luego, la única amenaza así: las voces de las Tinieblas disfrazadas de profundidad filosófica encuentran su sitio ahí también independientemente de dónde se sitúen en el es-

---

[88] R. G. Collingwood, *An Autobiography*, p. 167.
[89] *Idem.*

pectro político. Pero aquellos que logren captar el valor bastante extraordinario de la idea de educación filosófica que concibió Mill pueden en consecuencia llegar a abrazar las palabras finales de la autobiografía de Collingwood –la autobiografía de un "simple" profesor universitario– con su invocación de otro contraste entre luz y tinieblas al que se aludió antes en relación con la propia autobiografía de Mill:

> Sé que toda mi vida he participado sin saberlo en una lucha política, combatiendo en las tinieblas contra estas cosas. De ahora en adelante lucharé a la luz del día.[90]

---

[90] *Idem.*

MIGUEL CARBONELL*

1. Introducción

Mill, que es citado como un ejemplo de intelectual formado desde su más tierna infancia en los elevados vericuetos del pensamiento,[1] escribió en la última parte de su prolífica vida un pequeño ensayo que hizo fortuna y que se ha convertido en una referencia obligada para nuestro tema. El título de su ensayo es *Sobre la libertad*, publicado originalmente en 1859. Se trata de lo que podríamos calificar como la versión liberal estándar desde la cual podemos asomarnos al concepto de libertad y sus implicaciones.[2]

Al inicio de su ensayo Mill define muy bien su objetivo: analizar la libertad "social o civil", para lo cual se propone indagar "la naturaleza y los límites del poder que puede ejercer legítimamente la sociedad sobre

---

* Este texto se presentó originalmente bajo el título de *John Stuart Mill y la libertad: una lectura desde el siglo XXI.*

[1] Isaiah Berlin recuerda que Mill "A los cinco años sabía griego; a los nueve álgebra y latín… John Mill poseía al cumplir los doce años los conocimientos de un hombre de treinta excepcionalmente erudito", *Sobre la libertad*, Madrid, Alianza, 2004, p. 259.

[2] Sobre el tema de la libertad y sus dimensiones en el campo del derecho y de la política, véase Miguel Carbonell, *La libertad: dilemas, retos y tensiones*, México, UNAM, CNDH, 2008 y en M. Carbonell, *Desafíos a la libertad en el siglo XXI*, Quito, Cevallos Editora Jurídica, 2011.

el individuo", lo cual representa "la cuestión vital del porvenir".[3] Aunque Mill apunta que se trata de una cuestión que raramente se ha planteado con anterioridad, su exposición más bien parece reflejar las preocupaciones del pensamiento de la Ilustración que está en la base histórica del surgimiento del Estado constitucional. Ya Montesquieu había apuntado en *El espíritu de las leyes* la necesidad de dividir al poder "para preservar la libertad". Y algo muy parecido puede encontrarse en las motivaciones que dan lugar a la promulgación de la Declaración francesa de los Derechos del Hombre y del Ciudadano de 1789.[4] Toda la lucha contra el Estado feudal fue una lucha por imponer lími-

---

[3] John Stuart Mill, *Sobre la libertad*, Madrid, Alianza, 1997, p. 81.

[4] La bibliografía sobre la Declaración, que es uno de los textos más importantes en la historia de la humanidad, es inabarcable; para una primera aproximación quizá sean de interés las siguientes referencias: Frédéric Bluche, Stéphane Rials y Jean Tulard, *La Révolution francaise*, 6ª ed., París, PUF, 2003; Georg Jellinek, *La Declaración de los Derechos del Hombre y del Ciudadano*, traducción y estudio preliminar de Adolfo Posada, estudio introductorio de Miguel Carbonell, México, IIJ-UNAM, 2003; M. Carbonell, *Una historia de los derechos fundamentales*, México, Porrúa, CNDH, 2011; León Duguit, *La separación de poderes y la Asamblea Nacional de 1789*, traducción y presentación de Pablo Pérez Tremps, Madrid, CEC, 1996; Christine Fauré, *Las declaraciones de los derechos del hombre de 1789*, México, FCE, CNDH, 1999 (2ª reimp.); Eduardo García de Enterría, *La lengua de los derechos. La formación del derecho público europeo tras la Revolución francesa*, Madrid, Alianza, 1994; Ricardo García Manrique, "Sentido y contenido de la Declaración de 1789 y textos posteriores", *Historia de los derechos fundamentales*, tomo II, volumen III, Madrid, Dykinson, Universidad Carlos III, 2001; Jesús González Amuchástegui (comp.), *Orígenes de la Declaración de Derechos del Hombre y del Ciudadano*, Madrid, Editora Nacional, 1984; Peter Häberle, *Libertad, igualdad, fraternidad. 1789 como historia, actualidad y futuro del Estado constitucional*, Madrid, Trotta, 1998; Gregorio Peces-Barba, "Fundamentos ideológicos y elaboración de la Declaración de 1789", *Historia de los derechos fundamentales*, tomo II, volumen III, Madrid, Universidad Carlos III, Editorial Dykinson, 2001, Michel Troper y Lucien Jaume (dir.), *1789 et l'invention de la constitution*, París, LGDJ, 1994; VV. AA., *La déclaration des droits de l'homme et du citoyen de 1789*, París, Economica, 1993; Patrick Wachsmann, "Déclaration des droits de l'homme et du citoyen", en Denis Alland y Stéphane Rials (dir.), *Dictionnaire de la culture juridique*, París, PUF, 2003; M. Carbonell, "Notas sobre el origen de la Declaración de los Derechos del Hombre y del Ciudadano de 1789", en

tes al poder de intromisión del Estado en la vida de los particulares.

El constitucionalismo fue la respuesta de la razón ilustrada a los excesos del poder despótico. Mill lo reconoce desde el inicio de su ensayo cuando apunta que en el mundo antiguo (aunque utiliza estas palabras, en realidad creo que debe referirse al siglo XVIII),

> el fin de los patriotas era fijar los límites del poder que al gobernante le estaba consentido ejercer sobre la comunidad, y esta limitación era lo que entendían por libertad. Se intentaba de dos maneras: primera, obteniendo el reconocimiento de ciertas inmunidades llamadas libertades o derechos políticos, que el Gobierno no podía infringir sin quebrantar sus deberes, y cuya infracción, de realizarse, llegaba a justificar una resistencia individual y hasta una rebelión general. Un segundo posterior expediente fue el establecimiento de frenos constitucionales, mediante los cuales el consentimiento de la comunidad o de un cierto grupo que se suponía el representante de sus intereses era condición necesaria para algunos de los actos más importantes del poder gobernante.[5]

En realidad, Mill se refiere en su primera opción a los derechos fundamentales, entendidos sobre todo como derechos de libertad o "derechos-defensa" frente al Estado (no todavía como derechos a prestaciones o derechos sociales). En su segunda opción Mill parece vincular los "frenos constitucionales" con la representación política, lo que en rigor no queda muy claro. Lo importante es destacar la identificación, así sea general, que hace Mill del Estado constitucional como forma de proteger la libertad.

Quizá lo que sí resulta un tanto novedoso del pensamiento de Mill es la identificación de la sociedad como

Estudios jurídicos en homenaje a Marta Morineau, tomo II, México, IIJ-UNAM, 2006, pp. 149-166.

[5] *Sobre la libertad*, pp. 82-83.

factor de opresión. Es decir, no se trataría solamente de limitar a los poderes públicos, sino también a los poderes privados que pueden interferir ilegítimamente en nuestras libertades. La sociedad puede ser una jaula opresora tan fantástica como cualquier tiranía. Hay algunas frases de Mill que ilustran muy bien su pensamiento en este punto y que son de gran interés para la comprensión contemporánea de la libertad. Dice Mill:

> el pueblo, por consiguiente, *puede* desear oprimir a una parte de sí mismo, y las precauciones son tan útiles contra esto como contra cualquier otro abuso del Poder... (la tiranía social es) más formidable que muchas de las opresiones políticas, ya que si bien, de ordinario, no tiene a su servicio penas tan graves, deja menos medios para escapar de ella, pues penetra mucho más en los detalles de la vida y llega a encadenar el alma. Por esto no basta la protección contra la tiranía del magistrado. Se necesita también protección contra la tiranía de la opinión y sentimientos prevalecientes; contra la tendencia de la sociedad a imponer, por medios distintos de las penas civiles, sus propias ideas y prácticas como reglas de conducta a aquellos que disientan de ellas; a ahogar el desenvolvimiento y, si fuera posible, a impedir la formación de individualidades originales y obligar a todos los caracteres a moldearse sobre el suyo propio[6].

Hay muchas reflexiones que pueden desprenderse de esas palabras. Algunos analistas de la vida de Mill han señalado que sus afirmaciones fueron motivadas por la experiencia de su propio recorrido vital y, en concreto, por el hecho de haber vivido una larga relación pública con una mujer casada (Harriet Taylor), lo cual en el ambiente de la Inglaterra del siglo XIX le debe haber supuesto un alto costo social. La relación con Harriet Taylor (a quien Mill le hace una efusiva y quizá exagerada dedicatoria al inicio de *Sobre la li-*

---

[6] *Ibid.*, pp. 86-87.

bertad) le supuso a nuestro autor muchas afectaciones personales, pues lo llevó a romper con muchos de sus amigos y a recluirse en una vida exclusivamente privada, al grado de que los últimos años de su existencia –cuando finalmente se puede casar con Harriet Taylor a la muerte del marido de ésta– abandona Inglaterra y se va a vivir a Francia. Se trata, como quiera que sea, de un buen ejemplo sobre la manera en que las experiencias biográficas tienen repercusión en el trabajo teórico de los más grandes pensadores (y también de los no tan grandes, sin duda).

Otra reflexión que podemos hacer a partir de las frases que transcribimos se refiere a la enorme influencia de los poderes privados. En efecto, hoy en día los peligros de la libertad no provienen solamente de los poderes públicos. Todavía más: no provienen ni siquiera *principalmente* de los poderes públicos. Puestos a ver la forma en que se nos "obliga" a seguir ciertas pautas (sociales, profesionales, políticas, económicas, familiares, etcétera), no es difícil llegar a la conclusión de que los mayores riesgos para la libertad vienen de los propios particulares, cuando ejercer eso que Mill no dudaba en calificar como "tiranía de la opinión y sentimiento prevalecientes" en una sociedad.

Para los juristas el tema reviste un especial interés porque los obliga a tener que repensar algunas de las premisas con las que se ha trabajado en la ciencia del derecho desde hace más de 200 años. En particular, para quienes se dedican al derecho constitucional las advertencias de Mill suscitan muchas reflexiones sobre la manera en que se puede limitar o controlar a los poderes privados, de tal forma que no puedan coaccionar a las personas e impedirles el ejercicio de las libertades. Mill advierte en su texto la importancia de llevar a cabo este ejercicio de limitación y control cuando señala lo siguiente: "Hay un límite a la intervención legítima de la opinión colectiva en la independencia individual: encontrarlo y defenderlo contra toda invasión es tan indispensable a una buena condición de los asuntos humanos como la protección contra el despotismo político".[7]

Aunque se trata de una advertencia lanzada desde la segunda mitad del siglo XIX, no es sino hasta bien avanzado el siglo XX cuando las lentas estructuras jurídicas comienzan a percibir el tamaño del reto consistente en controlar a los "poderes privados". En 1958 el Tribunal Constitucional Federal de Alemania emite una muy conocida sentencia (la del famoso caso "Lüth") en la que de forma pionera expone la necesidad de preservar los derechos fundamentales en la esfera de relaciones de los particulares.[8] De esta manera se inicia una larga marcha que exige modificaciones profundas de las concepciones constitucionales clásicas. Los derechos fundamentales amplían su esfera de tutela y se dirigen a regir no solamente las relaciones

---

[7] J. S. Mill, *Sobre la libertad*, p. 87.

[8] Un análisis del caso y del debate que suscitó posteriormente en la dogmática constitucional alemana puede verse en Alexei Julio Estrada, *La eficacia de los derechos fundamentales entre particulares*, Bogotá, Universidad Externado de Colombia, 2000, pp. 68 y ss. Los pasajes más importantes de la sentencia se encuentran en traducción al español en la obra de Jürgen Schwabe, *Cincuenta años de jurisprudencia del Tribunal Constitucional Federal alemán*, Bogotá, Fundación K. Adenauer, 2003, pp. 133-137. El origen del caso se encuentra en la exhortación que un particular hizo para que el público boicoteara una película realizada por otro particular. El primero de ellos fue demandado civilmente y condenado por los tribunales ordinarios. Al conocer del recurso extraordinario, el Tribunal Constitucional afirma que la Constitución alemana "no tiene el carácter de un ordenamiento de valores neutral"; por el contrario, el orden de valores que impone la Constitución, el cual "encuentra su punto medio al interior de la comunidad social, en el libre desarrollo de la personalidad y la dignidad del ser humano, como decisión constitucional fundamental, *debe ser válido para todas las esferas del derecho*; la legislación, la administración y la jurisdicción reciben de él directrices e impulso. Así influye evidentemente también en el derecho civil; ninguna prescripción jurídico-civil puede estar en contradicción con él".

entre autoridades y particulares (propia del derecho constitucional y del derecho administrativo), sino también las que se llevan a cabo entre meros particulares (propia del derecho civil, mercantil y, durante muchos años, laboral). En el siglo XXI esta lucha continúa y se ha hecho más intensa en la medida en que los poderes privados (calificados bajo ciertas modalidades por Ferrajoli como "poderes salvajes")[9] se han vuelto más influyentes, haciendo sombra, ridiculizando y rebasando en muchos aspectos a los poderes públicos.[10]

2. El principio de daño

Quizá la mayor aportación (al menos una de las más citadas) de John Stuart Mill a la comprensión de los alcances de la libertad y a la definición de las fronteras entre libertad y dominio (sea público o privado), consiste en su clásica enunciación del llamado "principio de daño". Este principio se basa en la idea de que deberíamos poder hacer –sin interferencias o coacciones– todo aquello que no dañe a otros. Las palabras de Mill, que según su autor intentan explicar "un principio muy sencillo que debe gobernar absolutamente la con-

---

[9] Luigi Ferrajoli, "Contra los poderes salvajes del mercado: para un constitucionalismo de derecho privado" en M. Carbonell, H. Concha, L. Córdova y D. Valadés, (coord.), *Estrategias y propuestas para la reforma del Estado*, México, IIJ-UNAM, 2001, pp. 99-110.

[10] La bibliografía sobre este tema ha ido aumentando en los años recientes, sobre todo en el ámbito de habla hispana (en otras lenguas hay aportaciones anteriores). A modo de textos representativos y muy destacados pueden citarse los siguientes: Juan María Bilbao Ubillos, *Los derechos fundamentales en la frontera entre lo público y lo privado*, Madrid, McGraw-Hill, 1997; J. M. Bilbao Ubillos, *La eficacia de los derechos fundamentales frente a particulares. Análisis de la jurisprudencia del Tribunal Constitucional*, Madrid, CEPC, BOE, 1997; A. Julio Estrada, *La eficacia de los derechos fundamentales entre particulares*, Javier Mijangos y González, *La vigencia de los derechos fundamentales en las relaciones entre particulares*, México, Porrúa, 2004.

ducta de la sociedad en relación con el individuo, en todo aquello que suponga imposición o control", son las siguientes:[11]

> Este principio afirma que el único fin por el que está justificado que la humanidad, individual o colectivamente, interfiera en la libertad de acción de cualquiera de sus miembros es la propia protección. *Que el único propósito con el que puede ejercerse legítimamente el poder sobre un miembro de una comunidad civilizada, contra su voluntad, es impedir el daño a otros.* Su propio bien, físico o moral, no es justificación suficiente. Nadie puede ser obligado justificadamente a hacer algo, o a abstenerse de hacerlo, porque sea mejor para él, porque le haría feliz o porque, en opinión de otros, hacerlo sería más acertado o más justo. Éstas son buenas razones para discutir o razonar con él, para persuadirle o suplicarle, pero no para obligarle o inflingirle algún daño si actúa de otro modo. Para justificar esto debe pensarse que la conducta de la que se le quiere disuadir producirá un daño a otro. *La única parte de la conducta de cada uno por la que es responsable ante la sociedad es la que afecta a los demás.* En la parte que le concierne a él, su independencia es, de derecho, absoluta. Sobre sí mismo, sobre su propio cuerpo y espíritu, el individuo es soberano.

Son innumerables las consecuencias que se pueden extraer de este principio, en casi todos los ámbitos de la vida humana. El derecho, la política, la economía, la sociología y quizá hasta la historia pueden ser entendidos y desarrollados de muy distinta forma si tomamos como punto de partida la frase de Mill sobre el principio de daño.

Su utilidad consiste, entre otras cuestiones, en señalar una frontera intraspasable para los poderes públicos y para los poderes privados: la que concierne al cuerpo de las personas y a los actos humanos que no trasciendan hacia la esfera jurídica o moral de los demás.

---

[11] *Sobre la libertad*, p. 94-95.

Esa frontera es la que señala, en un primer momento, hasta dónde pueden llegar las reglas del derecho o de la ética. La soberanía sobre el propio cuerpo se proyecta en una serie de cuestiones tan dispares como el consumo personal de drogas, el aborto, la eutanasia, los tatuajes, las prácticas sexuales, etcétera.[12] Para José Luis Gómez Colomer,

> El principio de daño cumple la función de proveer un criterio para el ejercicio del poder del Estado y delimitar el alcance y los límites del derecho, criterio que autoriza a prohibir y castigar acciones como el asesinato, la violación o el robo solamente porque, y en la medida en que, causan daño a otros.[13]

Es de nuevo Gómez Colomer quien acierta al señalar que

> ...La fortuna del texto de Mill no deriva sólo del atractivo que para muchos representa su defensa radical de la individualidad frente a las presiones autoritarias o grupales hacia el conformismo y la uniformidad, sino de su capacidad para condensar algunos de los elementos, argumentos y problemas centrales de la cuestión que aborda en pocas y decisivas palabras que, en buena medida, son todavía las nuestras.[14]

El análisis sobre el principio de daño puede hacerse tomando como punto de partida diversas perspectivas. En este momento me interesa centrar la discusión en una de ellas: la posibilidad de imponer límites a la

---

[12] Muchas de estas prácticas han sido explicadas, partiendo del talento del más destacado liberal que ha conocido la ciencia jurídica de América Latina, en Carlos Santiago Nino, *Ética y derechos humanos*, Barcelona, Ariel, 1989.

[13] José Luis Gómez Colomer, "Libertad individual y límites del derecho. El liberalismo y sus críticos", en Elías Díaz y José Luis Colomer (eds.), *Estado, justicia, derechos*, Madrid, Alianza, 2002, p. 183.

[14] *Idem.*

libertad para proteger al individuo frente a ciertos riesgos objetivos. Por ejemplo, si sabemos científicamente que fumar cigarrillos es perjudicial para la salud, ¿podemos imponerle a una persona, por la vía que sea, la prohibición de fumar? En otras palabras: ¿cuándo y de qué manera se justifican las medidas de protección al individuo incluso sobre conductas que solamente lo perjudican a él?

Esta perspectiva nos conduce a la discusión sobre el llamado "paternalismo", sea jurídico o sea moral.

Antes de pasar a ese tema es conveniente apuntar al menos una de las críticas que se le hacen al principio de daño tal como lo entiende Mill. La noción de "daño", se dice, es un concepto que no se puede definir *a priori*, sino que requiere de una fundamentación o justificación:[15] ¿cuándo y porqué entendemos que cierta conducta causa un daño?

La fundamentación o justificación del daño debe partir de concepciones morales, por lo que se corre el riesgo de devolver la pelota al campo de la moral social predominante, que es precisamente de lo que quería escapar Mill. En principio podríamos salvar en parte este problema aceptando que el daño debe ser un daño "jurídicamente" determinado, lo que excluye la posibilidad de entender como causante de daño a conductas contrarias simplemente a convicciones morales o religiosas (el concepto de delito excluye a la calificación como tales de los pecados, por mencionar un ejemplo).

Otra observación crítica que se le hace al principio de daño es que se centra solamente en el valor de la individualidad (o de la autonomía), cuando pueden existir otros valores socialmente e individualmente re-

---

¹⁵ Una discusión más amplia sobre este punto puede verse en J. L. Gómez Colomer, "Libertad individual y límites del derecho. El liberalismo y sus críticos", en *op. cit.*, pp. 184-185.

levantes que justifiquen una limitación de aquella. Por ejemplo, la felicidad individual o colectiva, la protección de la fe religiosa, etcétera. La respuesta a estos argumentos es relativamente sencilla, aunque quizá un tanto autorreferente: la protección de la individualidad y de la autonomía viene antes sencillamente porque sin ellas no es posible aspirar a construir, desde la libertad y con justicia, ningún otro tipo de valores. Sin autonomía personal no puede existir una verdadera profesión de la fe, ni hay mucho margen para encontrar la felicidad, la cual no puede ser impuesta por terceros, sino perseguida tenaz e indefectiblemente por cada persona en lo individual, a partir de existencias y experiencias únicas e irrepetibles.

3. Paternalismo

Para el liberalismo, a partir de los postulados de Mill, la autonomía de la persona entendida como valor socialmente compartido no puede permitir que el Estado determine cuáles son las formas de vida que merecen la pena y cuáles no.[16] Pero, ¿lo anterior significa que el Estado debe respetar *cualquier* plan de vida? Incluso los ultraliberales aceptan que el Estado puede limitar la libertad a través de normas jurídicas, partiendo de la base o tomando en cuenta el principio de daño al que ya hemos hecho referencia: somos libres para llevar a cabo una conducta siempre que esa conducta no dañe a los demás; de hecho, el principio de daño tendría que estar en la cúspide del ordenamiento jurídico, de forma tal que rigiera la actuación de todos los poderes constituidos y el contenido de todas las normas in-

---

¹⁶ Carlos F. Rosenkrantz, "El valor de la autonomía", en VV. AA., *La autonomía personal*, Madrid, CEC, 1992, p. 13.

fra-constitucionales. Carlos S. Nino explica la adopción en el ámbito constitucional del principio de daño como criterio rector para limitar la autonomía con las siguientes palabras:

> Una Constitución tiene por fin institucionalizar la deliberación pública por medio de la cual la respectiva sociedad establece los principios morales intersubjetivos sobre la base de los cuales deben resolverse los conflictos entre sus miembros y organizarse su cooperación. Dado que la deliberación pública está basada en el valor de la autonomía, él debe ser reconocido por tal Constitución. El reconocimiento debe comprender el carácter irrestricto del valor de la libre elección de ideales personales y planes de vida, lo que implica la adopción del principio de daño, según el cual una acción no puede ser interferida por el Estado o por otros individuos si no causa daño a terceros. También la Constitución debe reconocer el valor de la individualidad, que no está sujeta a grados ni, por supuesto, a ninguna propiedad empírica (raza, nacionalidad, sexo) o valorativa (religión, ideología) que no fundamente la identidad de los seres humanos y que implica que no hay razón para restringir la autonomía de un individuo en beneficio de una mayor autonomía de otro individuo. Asimismo, la posibilidad de que haya normas justificadas que hagan del consentimiento de los individuos una condición de consecuencias restrictivas de la propia autonomía debe ser reconocida por la Constitución.[17]

El principio de daño, como ya se apuntaba, está lejos de ser claro cuando se le quiere aplicar a un sinfín de conductas concretas, como lo demuestra la historia reciente. ¿Qué sucede cuando aplicamos el principio de daño al consumo de estupefacientes, a las relaciones sexuales o a las decisiones sobre la propia vestimenta? La historia nos ofrece ejemplos de cómo una mala comprensión o una utilización deliberadamente

---

[17] C. S. Nino, "La autonomía constitucional", en VV. AA., *La autonomía personal*, p. 79.

torcida del principio de daño ha tenido efectos devastadores para la libertad, incluso en países democráticos. Pongamos algunos ejemplos.

En 1986, la Corte Suprema de Estados Unidos dictó una sentencia en la que afirmaba la constitucionalidad (es decir, la corrección moral desde la óptica de la Constitución) de una ley local que sancionaba con pena de prisión las relaciones homosexuales entre varones, incluso si se celebraban de común acuerdo, en privado y entre personas mayores de edad (se trata del caso *Bowers vs. Hardwick*).[18] Todavía en la actualidad existen leyes estatales en Estados Unidos que castigan con penas de prisión las relaciones sexuales por vía anal.[19] En el mismo país, sin embargo, la Corte ha extendido de manera muy amplia el derecho a la intimidad para proteger la decisión de la mujer de tomar anticonceptivos o incluso para que mujeres menores de edad pudieran realizarse una interrupción voluntaria del embarazo sin el consentimiento de los padres.[20] Lo que ponen de manifiesto ambos extremos es la gran dificultad para proceder a la regulación de la libertad y la variabilidad que el ámbito de la autonomía personal puede tener, incluso dentro de un mismo país.

Pero además, en el caso de la prohibición de las relaciones homosexuales, se demuestra que la imposi-

---

[18] Para una primera aproximación al caso, véase Ronald Dworkin, *Virtud soberana. La teoría y la práctica de la igualdad*, Barcelona, Paidós, 2003, pp. 230 y ss. Véase también M. Carbonell, "Bowers *versus* Hardwick: cuando el derecho entra en la recámara", *Lex. Difusión y análisis*, núm. 119, México, mayo de 2005, pp. 33-35.

[19] Un análisis muy completo del contexto de estas leyes y de sus efectos puede verse en William Eskridge, *Dishonorable passions: sodomy laws in America 1861-2003*, Nueva York, Penguin, 2008.

[20] Véase la exposición que hace Laurence H. Tribe, *Abortion. The clash of absolutes*, Nueva York, Londres, Norton and Company, 1992, así como la aproximación más filosófica de Ronald Dworkin en su libro *El dominio de la vida. Una discusión acerca del aborto, la eutanasia y la libertad individual*, Barcelona, Ariel, 1998.

ción social (con el auxilio del derecho) de cierta moral sexual es completamente inapropiada desde un punto de vista liberal. En una sociedad democrática las personas tienen la libertad de tener sus propios conceptos acerca de la moral sexual y de conducirse conforme a ella; lo que no pueden hacer es imponerles esa moral a los demás. Las libertades del Estado constitucional le permiten a cualquier persona pensar, actuar y hablar en contra de ciertas conductas, las cuales puede considerar como ofensivas o degradantes, pero los demás son libres de escucharla o de seguir caminando, y desde luego son libres de comportarse –respecto de su intimidad– como mejor lo prefieran.

Ahora bien, ya que se acaba de mencionar el tema de la intimidad, como espacio resguardado de la mirada de los demás, dentro del cual nos podemos sentir más libres, cabe al menos apuntar que la teoría feminista ha dirigido una fuerte crítica hacia las versiones más "libertarias" sobre su alcance. Para algunas teóricas del feminismo, sobre todo en el ámbito de la academia norteamericana, dejar la acción íntima libre de toda regulación lo que en realidad produce no es una esfera de mayor libertad, sino simplemente el predominio del más fuerte, que suele ser el hombre.

En el caso de la regulación legislativa del aborto, algunas teóricas del feminismo –como la reconocida profesora de Harvard Catharine MacKinnon– argumentan que dejar el tema a la intimidad de las parejas supone darle un enorme poder al hombre sobre el cuerpo de la mujer,[21] pero al mismo tiempo dejar sin regulación alguna al aborto supone que el gobierno se desentiende de la obligación que tiene de velar por la salud de

---

[21] MacKinnon sostiene que, desde el punto de vista sexual, las mujeres son poco libres en el ámbito de la intimidad, porque los hombres las fuerzan sexualmente en privado, lo cual refleja además la subordinación económica y política de las mujeres.

las mujeres, obligación que comprende todo el apoyo que el Estado pueda prestar para que las mujeres aborten en condiciones higiénicas y de buena práctica médica; es decir, el Estado no puede considerar que con el simple reenvío al ámbito de la intimidad está atendiendo el tema del aborto, sino que tiene que tomar medidas positivas para asegurar en la mayor medida posible los derechos de las mujeres.[22]

La dicotomía público/privado siempre ha sido objeto de análisis por parte de la teoría feminista, puesto que a partir de ella se construyen los diferentes roles sociales que tienen los hombres y las mujeres. Por ejemplo, según la propia MacKinnon, el uso privado de materiales pornográficos por parte de personas adultas, avalado por la ley y por la jurisprudencia de la gran mayoría de países democráticos, serviría como vehículo para inculcar modelos de dominación del hombre sobre la mujer, poniendo en evidencia el estado de sujeción (o de humillación) de aquellas en todo lo referente a la sexualidad.[23] No es posible abundar en este momento en los planteamientos mencionados, pero vale la pena al menos apuntarlos, puesto que la libertad en la esfera de lo íntimo también ha recibido críticas, por lo que no puede considerarse un punto de vista incontestado.[24]

---

[22] El argumento de MacKinnon y otras autoras sobre el tema ha sido examinado por Dworkin en *El dominio de la vida. Una discusión acerca del aborto, la eutanasia y la libertad individual*, Barcelona, Ariel, 1998, pp. 72 y ss.

[23] Es muy ilustrativa la discusión que sobre este punto sostuvieron MacKinnon y Richard Posner, el conocido juez y profesor de la Universidad de Chicago. La parte medular del debate está recogida en Catharine MacKinnon y Richard Posner, *Derecho y pornografía*, Bogotá, Siglo del Hombre Editores, Universidad de los Andes, 1997. Luego, Posner ha vuelto sobre el tema en varios de los ensayos contenidos en su libro *Overcoming law*, Cambridge, Harvard University Press, 2002, 7ª reimp., pp. 335 y ss.

[24] Para una primera aproximación al tema, puede ver el ensayo de Carol Pateman, "Críticas feministas a la dicotomía público/privado", en la obra

Como quiera que sea, lo cierto es que para algunos autores, la tarea de cualquier sistema constitucional es, en términos generales que seguramente serían aceptados por Mill, proteger la libertad siempre que esa libertad no cause daño a otros, lo cual no implica que el Estado esté impedido para regular ciertos ámbitos que se consideran como más positivos que otros. Las decisiones no son fáciles en muchos casos. Ante los muchos puntos de vista que pueden existir en una sociedad plural y ante la dificultad objetiva de llegar a consensos sobre el sentido del bien, quizá lo mejor sea empezar por prohibir o desincentivar aquello que podría parecer claramente como menos valioso.

Así por ejemplo, en la mayor parte de las sociedades desarrolladas existe un cierto consenso para proteger la libertad sexual de los menores de edad, impidiendo que accedan a material pornográfico, o también, en un sentido parecido, para proteger a adultos desprevenidos del acceso a materiales o a prácticas que pueden no ser compatibles con sus planes de vida (esto es lo que justifica la clasificación de las películas o el hecho de que los cines que transmiten películas pornográficas estén claramente identificados como tales, de forma que el espectador esté advertido del tipo de material al que va a tener acceso).[25] Ese mismo consenso es el que protege la autonomía de las formas de sexualidad no convencionales, que Carlos S. Nino identifica como uno de los casos difíciles en materia de autonomía personal. Para Nino, la idea de autonomía y el valor de la discusión moral incluyen

---

colectiva *Perspectivas feministas en teoría crítica*, Barcelona, Paidós, 1996, pp. 31 y ss.

[25] En este sentido, C. S. Nino, "La autonomía constitucional", en *op. cit.*, p. 54.

> ...la proscripción de toda interferencia de formas de sexuali-
> dad por aberrantes que nos parezcan que no afectan la auto-
> nomía de terceras personas. El valor de la autonomía excluye
> precisamente la imposición perfeccionista de comportamien-
> tos sexuales exigidos por una concepción del bien diferente
> a la que el sujeto ha elegido libremente.[26]

También existe un cierto consenso en que las actividades que científicamente se ha probado que aten-
tan contra la salud de las personas, si no pueden ser
prohibidas al menos sí deben ser desincentivadas, al
tiempo que se deben promover aquellas condiciones
que mejoran nuestra salud. Así por ejemplo, se acepta
en todos los países democráticos que es legítimo poner
impuestos –incluso muy altos– al consumo de tabaco y
alcohol como una medida para desincentivar su utilización, mientras que nadie defiende que se grave fiscal-
mente la realización de ejercicio físico en los parques
públicos.[27]

En un sentido parecido, casi nadie discute la pertinencia de que el Estado establezca algunas limitaciones a la libertad que pueden servir como una protección frente a nuestras eventuales incapacidades; esto
es lo que justifica, por ejemplo, que el uso del cinturón
de seguridad en los automóviles o del casco en las mo-
tocicletas sea obligatorio.[28] Con este tipo de medidas
el Estado asume una función que algunos autores denominan "paternalista".[29]

Mill acepta en su ensayo que la ley puede proteger
de manera especial a personas que no sean capaces de
ejercer cabalmente su libertad (como, por ejemplo, los
niños). La frase de Mill que ilustra lo que acabamos dc

₂₆ *Ibid.*, p. 54.

₂₇ C. F. Rosenkrantz, "El valor de la autonomía", en *op. cit.*, pp. 24-25.

₂₈ *Ibid.*, p. 27.

₂₉ C. S. Nino, "La autonomía constitucional", en *op. cit.*, pp. 43 y ss.

apuntar es la siguiente: "Los que están todavía en una situación que exige que sean cuidados por otros, deben ser protegidos contra sus propios actos, tanto como contra los daños exteriores".[30]

4. Justificaciones del paternalismo

¿Cómo se justifican las medidas "paternalistas"?[31] Carlos S. Nino sostiene que el paternalismo puede justificarse por cuestiones de salud; en este caso, sin embargo, el propio Nino señala algunos requisitos para justificar una medida paternalista:[32]

> Estas situaciones que obstaculizan las decisiones que los individuos toman o tomarían en materia de salud justifican un paternalismo no perfeccionista si se recurre al medio más económico y eficaz para hacer efectivas tales decisiones sin imponer, perfeccionistamente, decisiones a la luz de un ideal del bien personal. Por ejemplo, muchos de estos casos se resuelven con sólo dar *información* adecuada, sin imponer compulsivamente un curso de acción. Otras requieren que se acerquen facilidades para hacer efectiva esa decisión, de nuevo sin imponerla.

Otro tipo de paternalismo es el que se produce en materia familiar y educativa, para proteger a los menores de edad que todavía no pueden desarrollar sus planes de vida de forma autónoma. Para Nino, se tra-

---

[30] J. S. Mill, *Sobre la libertad*, cit., p. 95.

[31] Para una discusión conceptual acerca del paternalismo, puede verse Gerald Dworkin, *The Theory and Practice of Autonomy*, Nueva York, Cambridge University Press, 1988, pp. 121 y ss. Dworkin define el pater-nalismo como una interferencia en la libertad de acción de las personas en orden a proteger valores como el bienestar, la felicidad, las necesidades o los intereses. Este autor acepta que no todos los actos paternalistas provienen del Estado, sino que a veces son los propios particulares los que los realizan.

[32] C. S. Nino, "La autonomía constitucional", en *op. cit.*, p. 66.

ta de la forma más común y plausible de paternalismo, siempre y cuando esté dirigido a fomentar el máximo grado de autonomía de los menores, sin sujetar de forma completa el ejercicio de esa autonomía a una visión concreta de la misma.[33] Esta idea justifica las limitaciones que existen en la mayoría de los ordenamientos jurídicos de países democráticos respecto a la capacidad de los menores de edad de ser titulares o ejercer por sí mismos algunos derechos fundamentales (limitaciones a la capacidad de celebrar contratos o impedimentos para trabajar antes de los 14 años, por ejemplo).

En el derecho comparado encontramos interesantes sentencias que ponen en cuestión el grado de "paternalismo" que se puede ejercer sobre un menor, incluso por parte de sus propios familiares. Se puede citar, para ilustrar el asunto, la sentencia 154/2002 del Tribunal Constitucional español.[34]

El caso surge porque se había impuesto una sanción de carácter penal a los padres de un menor de edad (13 años), Testigos de Jehová los tres, que murió tras negarse a que le fuera practicada una transfusión de sangre, necesaria para salvar su vida. El Tribunal Supremo de España había condenado a los padres por un delito de homicidio por omisión de los deberes derivados de la paternidad. Los recurrentes en la acción de amparo que promovieron ante el Tribunal Constitucional (TC, en lo sucesivo) adujeron que actuaron conforme a sus convicciones religiosas y que nunca se opusieron explícitamente a la transfusión de sangre, sino que simplemente no la secundaron de manera activa frente a su hijo, el cual además había ex-

---

[33] *Ibid.*, pp. 67-70.

[34] Esta sentencia ha merecido, en otros, un comentario muy importante de José Juan Moreso, "Dos concepciones de la aplicación de las normas de derechos fundamentales", en Jerónimo Betegón y otros (coords.), *Constitución y derechos fundamentales*, Madrid, CEPC, 2004, pp. 473 y ss.

presamente manifestado su rechazo a la misma debido a que conculcaba sus creencias religiosas. El TC concedió el amparo al entender que el menor había hecho uso de su libertad religiosa al oponerse a la transfusión y que los padres no se habían pronunciado en contra de la misma, sino que habían guardado reserva.

Algunos de sus comentaristas argumentan que la decisión del TC es equivocada, pues no toma en cuenta la posible coacción de los progenitores sobre las convicciones del menor. El TC debía haber ponderado "El miedo a posibles represalias por los miembros de su confesión o el temor ante la reacción de los padres", hechos que "son razones suficientes para que un menor de edad manifieste una opinión acorde a la de sus mayores sin necesidad de que el convencimiento sobre dicha postura sea absoluto".[35] En este sentido, parece exagerado darle mucho valor al criterio de menor de edad como lo hace el TC en su sentencia, puesto que era conforme solamente con lo que le habían enseñado sus padres, pero no tomaba en cuenta todos los elementos para la defensa de su interés superior (que era, como es obvio, seguir con vida).

Ana Valero no está de acuerdo en que se ponga en el mismo nivel un concepto como "el grado de madurez del menor" (palanca sobre la que el TC se apoya para reconocer validez a su oposición a la transfusión) con el mucho más preponderante de su derecho a la vida, cuya protección tenían encomendada no solamente los padres sino también el Estado.[36] Cabe al menos cuestionarse –afirma– hasta qué punto deja de ser "superior" el interés del menor al hacerlo depender de su propia madurez. En efecto, justamente porque el interés del menor es "superior", no puede su-

---

[35] Ana Valero Heredia, *Constitución, libertad religiosa y minoría de edad*, Valencia, Universitat de Valencia, 2004, p. 83.

[36] *Ibid.*, p. 86.

bordinarse a lo que el propio menor considere, tenga o no grado de madurez para ello. El grado de madurez debe ser reconocido –aunque no sea una cuestión fácil, desde luego– solamente cuando revierte en un afianzamiento del interés superior, y no –como lo hace el TC– al revés, es decir, lo que no se puede hacer es utilizar el grado de madurez para oponerlo al interés superior.

Además, el propio TC había sostenido en otro caso (el de los presos del GRAPO en huelga de hambre) que el derecho a la vida no era disponible por sus titulares y que, en esa medida, estaba justificada la decisión de un juez que ordenaba a la autoridad penitenciaria suministrar alimento suficiente para impedir que un grupo de presos muriera por una huelga de hambre que había emprendido (sentencia 137/1990). Por el contrario, en la sentencia 154/2002 el TC parece reconocer que "la voluntad del sujeto implicado puede impedir una asistencia médica que resulta contraria a sus convicciones religiosas".[37]

Lo que concluye el TC es que los padres no podrían haber sido obligados a actuar enérgica y positivamente para persuadir a su hijo de la conveniencia de la transfusión, porque ello hubiera ido en contra de su derecho de libertad religiosa. La amenaza penal, en este caso, no cumplía con el requisito de proporcionalidad que debe acreditar cualquier restricción de un derecho fundamental y por tanto procedía a anular la condena que la había impuesto el Tribunal Supremo a los padres.

Una tercera forma de paternalismo justificado, de acuerdo con Nino, se produce en el ámbito laboral y económico.[38] En estos ámbitos los individuos aspiran a realizar una parte considerable de sus planes de

---

[37] *Ibid.*, p. 90.
[38] C. S. Nino, "La autonomía constitucional", en *op. cit.*, pp. 71-74.

vida, razón por la cual está justificado que los poderes públicos puedan imponer algún tipo de medidas que preserven la autonomía de las personas. Así por ejemplo, estaría justificada la prohibición del trabajo forzoso; pero también tendría justificación el establecimiento de un "salario mínimo", para no dejar a la voluntad de las partes (que normalmente, más bien, se expresa como voluntad de la parte más fuerte), la determinación por completo del salario. En la misma línea se ubicarían las regulaciones al funcionamiento del mercado para evitar que se incentiven sus tendencias "autodestructivas",[39] que podrían dar lugar a una limitación muy importante de la autonomía de grandes grupos de personas como consecuencia de la falta de acceso al mercado o de la debacle del mismo.

Una cuarta forma de paternalismo justificado se da en materia cívica, por ejemplo, a través de la imposición del voto obligatorio (aunque se trata de una obligación cuyo incumplimiento en la mayoría de países no tiene una sanción).[40] Nino justifica la imposición paternalista del voto obligatorio afirmando que

> ...puede ocurrir que una parte de la ciudadanía entre en una dinámica de interacción autofrustrante en materia de presentismo electoral, ya que cada ciudadano, sobre todo de cierto sector social –generalmente los más pobres y poco educados–, puede pensar con razón que su voto tiene sólo un impacto insignificante en un resultado favorable a sus ideas o intereses, de modo que no se compensa el esfuerzo de votar –el de enterarse de las propuestas, trasladarse al lugar del

---

[39] Con mucho acierto, Ernesto Garzón Valdés ha caracterizado al mercado (y también, por cierto, a la democracia) como una institución que si no está sujeta a límites tiene tendencia al "suicidio" y termina por tanto "autoliquidándose"; Ernesto Garzón Valdés, *Instituciones suicidas*, México, Paidós, 2000.

[40] Mario Fernández y José Thompson, "El voto obligatorio" en Dieter Nohlen y otros (comps.), *Tratado de derecho electoral comparado de América Latina*, 2ª ed., México, FCE, 2007, pp. 253 y ss.

comicio, hacer cola, resistir las posibles presiones, etcétera. Como muchos –sobre todo de ese sector– pueden pensar lo mismo, puede haber un gran absentismo electoral, con perjuicio sobre la legitimidad del sistema político y sobre todo sobre su funcionamiento imparcial, ya que al no estar representado un sector social sus intereses e ideologías no son tomados en cuenta. El proceso puede potenciarse al advertir los partidos que hay un sector más o menos definido de la población que no concurre a votar y excluirlo, consecuentemente, de sus propuestas, con lo que se confirma la falta de interés de esos electores en el resultado de la votación. El voto obligatorio puede derivar de un paternalismo legítimo, ya que asegura que, al unirse con los votos de quienes coinciden con uno, el voto de uno es significativo.[41]

Hay algunas cuestiones que podrían ser más discutibles; por ejemplo, la de si los poderes públicos pueden incentivar cierto tipo de manifestaciones artísticas y desincentivar otras que les parezcan menos provechosas o menos formativas para las personas. En Estados Unidos se ha producido un intenso debate por parte de destacados teóricos del derecho sobre el papel que el Estado debe tener frente al arte.[42]

Ernesto Garzón Valdés ha desarrollado una tesis de acuerdo con la cual el paternalismo se justifica siempre que un individuo presente una "incompetencia básica". La "incompetencia básica", dice Garzón, sería una condición necesaria aunque no suficiente para justificar medidas paternalistas.

Nuestro autor cita algunos casos en los que el individuo es un "incompetente básico":[43]

---

[41] C. S. Nino, "La autonomía constitucional", en *op. cit.*, p. 77.

[42] Owen Fiss, *La ironía de la libertad de expresión*, Barcelona, Gedisa, 1999, pp. 43 y ss.

[43] E. Garzón Valdés, "¿Es éticamente justificable el paternalismo jurídico?", en su libro *Derecho, ética y política*, Madrid, CEC, 1993, pp. 371-372.

A) Cuando ignora elementos relevantes de la situación en la que tiene que actuar (como las consecuencias de ingerir ciertos fármacos).

B) Cuando su fuerza de voluntad es tan reducida o está tan afectada que no puede llevar a cabo sus propias decisiones.

C) Cuando sus facultades mentales están temporal o permanentemente reducidas.

D) Cuando actúa bajo compulsión (bajo hipnosis o bajo amenazas).

E) Cuando alguien que acepta la importancia de un determinado bien y no desea ponerlo en peligro, se niega a utilizar los medios necesarios para salvaguardarlo, pudiendo disponer fácilmente de ellos.

Estos supuestos, delineados por Garzón Valdés, si se analizan junto a los ejemplos que pone Nino, nos suministran parámetros más o menos claros para delimitar el ámbito de interferencia paternalista que podría estar justificado en una sociedad democrática.

El propio Garzón aclara que no se justificaría éticamente la imposición de medidas paternalistas en los dos siguientes casos:[44]

A) Cuando alguien con competencia básica quiere dañarse y hasta privarse de la vida para castigarse a sí mismo o porque considera que la vida carece ya de sentido y la muerte es una liberación. De hecho, Mill tiene una frase en *Sobre la libertad* que de algún modo se ajusta a lo que señala Garzón; escribe Mill que "Cada uno es el guardián natural de su propia salud, sea física, mental o espiritual. La humanidad sale más gananciosa consintiendo a cada cual vivir a su manera que obligándolo a vivir a la manera de los demás".[45]

---

[44] *Ibid.*, p. 374.
[45] J. S. Mill, *Sobre la libertad*, p. 99.

B) Cuando alguien que posee competencia básica prefiere correr el riesgo de un daño seguro o altamente probable en aras de su propio placer o felicidad.

Respecto del primer supuesto, habría que apuntar que la discusión contemporánea acepta el punto de vista de Garzón, pero avanza un poco más al plantear si esa voluntad puede encontrar auxilio justificado por parte de terceros. Es decir, se trataría de saber si una posición liberal tendría que reconocer el derecho a quitarse la vida y a contar para ello con la ayuda de otra persona o incluso del Estado.[46]

Respecto del segundo supuesto, creo que incluye la posibilidad de realizar con libertad prácticas de riesgo en relación con nuestra apariencia, a nuestra sexualidad o a nuestra integridad corporal. La adopción de este punto de vista haría éticamente injustificable la prohibición que incluyen muchos códigos civiles en México para que una persona portadora de una enfermedad contagiosa pueda casarse. De hecho, no se trata solamente de una prohibición paternalista infundada, sino que además es inconstitucional al suponer una discriminación por razón de condiciones de salud.[47] Si los futuros contrayentes son mayores de edad y ambos están al tanto de la existencia de la enfermedad contagiosa y de las consecuencias de la misma, y aún así manifiestan libremente su consentimiento, no debe haber

---

[46] Una reflexión más amplia sobre este punto puede verse en Rodolfo Vázquez, *Del aborto a la clonación. Principios de una bioética liberal*, México, FCE, 2004, pp. 67 y ss. Albert Calsamiglia, "Sobre la eutanasia", en R. Vázquez (comp.), *Bioética y derecho. Fundamentos y problemas actuales*, México, FCE, 1999, pp. 151 y ss. y Diego Valadés, "Eutanasia. Régimen jurídico de la autonomía vital", en Jorge Carpizo y Diego Valadés, *Derechos humanos, aborto y eutanasia*, México, UNAM, 2008, pp. 81 y ss.

[47] Una explicación sobre el régimen constitucional de la no discriminación en México puede verse en M. Carbonell, *Los derechos fundamentales en México*, 2ª ed., México, Porrúa, CNDH, UNAM, 2006, pp. 183 y ss.; sobre el régimen legal, M. Carbonell, *Ley Federal para Prevenir y Eliminar la Discriminación comentada*, México, CONAPRED, 2007.

impedimento legal alguno que les niegue el derecho a contraer matrimonio.

La citada prohibición, vigente todavía en pleno siglo XXI, se basa en la idea católica de que el matrimonio tiene por finalidad la procreación, creencia miope, conservadora y regresiva que se proyecta de manera igualmente negativa a las uniones homosexuales, limitando el derecho constitucional a la protección de la familia (derecho que implica la obligación del legislador de incluir todas las formas de expresión y organización de la familia, incluyendo las que tienen por protagonistas a dos personas del mismo sexo).[48]

5. En la ruta de la autonomía

El importante lugar que ocupa el principio de daño en la construcción teórica de Mill sobre la libertad nos podría hacer pensar que nuestro autor defiende una posición puramente negativa de la libertad, entendiendo que dicha posición abarca la protección de una esfera impenetrable por los poderes públicos y por los particulares, dentro de la cual podríamos actuar como

---

[48] El tema del matrimonio homosexual ha sido discutido con intensidad en muchos países, aunque no en México. Para una discusión en diversas latitudes y en distintos idiomas, puede verse Evan Gerstmann, *Same-Sex Marriage and the Constitution*, Nueva York, Cambridge University Press, 2004; Fernando Rey Martínez, "Homosexualidad y Constitución", *Revista Española de Derecho Constitucional*, núm. 73, Madrid, 2005; Kerman Calvo, "Matrimonio homosexual y ciudadanía", *Claves de Razón Práctica*, núm. 154, Madrid, julio-agosto de 2005; Julio Carabaña, "La separación del matrimonio y la descendencia", *Claves de Razón Práctica*, núm. 154, Madrid, julio-agosto de 2005; J. A. Herrero Brasas, "Obispos, matrimonio homosexual y objeción de conciencia", *Claves de Razón Práctica*, núm. 153, Madrid, junio de 2005; Eleonora Ceccherini (ed.), *Sexual Orientation in Canadian Law*, Milán, Giuffré, 2004; para una visión más contextual del tema, Paul R. Abramson y otros, *Sexual Rights in America. The Ninth Amendment and the Pursuit of Happiness*, Nueva York, New York University Press, 2003.

consideremos oportuno. Pero Mill no se queda ahí, sino que en su famoso ensayo enuncia algunos rasgos de la libertad en la línea de lo que ya en el siglo XX Isaiah Berlin llamó "libertad positiva", a la que algunos autores denominan "autonomía".

La autonomía, en otras palabras, no pasa desapercibida para Mill, aunque no la alcanza a construir con tanta contundencia como lo hicieron otros autores después de él. Hay, pese a todo, algunas frases en *Sobre la libertad* que nos pudieran hacer pensar en una visión de Mill inclinada no solamente hacia la libertad negativa, sino también hacia la libertad positiva o hacia la autonomía personal. Por ejemplo, cuando escribe que la libertad humana

> ...comprende, primero, el dominio interno de la conciencia; exigiendo la libertad de conciencia en el más comprensivo de sus sentidos; la libertad de pensar y sentir; la más absoluta libertad de pensamiento y de sentimiento sobre todas las materias, prácticas o especulativas, científicas, morales o teológicas.[49]

Algunas modalidades de la libertad así entendida suponen no solamente ausencia de impedimentos, sino ejercicio de la voluntad para definir prioridades, objetivos, valores, etcétera.

Todavía queda más clara la presencia de un asomo de libertad positiva en la siguiente frase de Mill:

> La libertad humana exige libertad en nuestros gustos y en la determinación de nuestros propios fines; libertad para trazar el plan de nuestra vida según nuestro propio carácter para obrar como queramos, sujetos a las consecuencias de nuestros actos, sin que nos lo impidan nuestros semejantes en

---

[49] J. S. Mill, *Sobre la libertad*, p. 98.

tanto no les perjudiquemos, aun cuando ellos puedan pensar que nuestra conducta es loca, perversa o equivocada.[50]

En una palabra, Mill habla en esta frase de autonomía personal, no de mera ausencia de impedimentos. Lo hace también cuando invita a sus lectores a no dejarse guiar por terceros en las cuestiones que más importan, a determinar sus propios planes y establecer sus metas de vida; sus palabras son:

> El que deje al mundo, o cuando menos a su mundo, elegir por él su plan de vida no necesita ninguna otra facultad más que la de la imitación propia de los monos. El que escoge por sí mismo un plan, emplea todas sus facultades. Debe emplear la observación para ver, el razonamiento y el juicio para prever, la actividad para reunir los materiales de la decisión, el discernimiento para decidir, y cuando ha decidido, la firmeza y el autodominio (*self-control*) para sostener su deliberada decisión.[51]

La libertad, en el pensamiento de Mill, podía verse estorbada o anulada por virtud de pautas sociales de comportamiento (por opiniones de la mayoría), pero también por mandato de la ley. Este aspecto legal de dominio sobre la libertad no le es ajeno a Mill, que en su famoso ensayo apunta: "hay también en el mundo una grande o creciente inclinación a extender indebidamente los poderes de la sociedad sobre el individuo, no sólo por la fuerza de la opinión, sino también por la de la legislación".[52] De hecho, Mill critica con dureza la ley inglesa sobre libertad de expresión, aunque augura que su aplicación es difícil o incluso imposible, "excepto en algún pánico moral momentáneo, en que

---

[50] *Idem.*
[51] *Ibid.*, p. 168.
[52] *Ibid.*, p. 101.

la insurrección prive a los ministros y jueces del dominio de sí mismos".[53]

Creo que Mill ya advierte sobre el carácter contramayoritario de los derechos fundamentales (sobre el que tanto han insistido pensadores como Ronald Dworkin o Luigi Ferrajoli), cuando escribe lo siguiente al referirse a la libertad de expresión:

> Si toda la humanidad, menos una persona, fuera de una misma opinión, y esta persona fuera de opinión contraria, la humanidad sería tan injusta impidiendo que hablase como ella misma lo sería si teniendo poder bastante impidiera que hablara la humanidad.[54]

En efecto, los derechos fundamentales como la libertad de expresión deben valer incluso en aquellos casos en que sirven para proteger posiciones radicales, heterodoxas, extrañas, diferentes a las que sostienen todos los miembros de una sociedad. Los derechos fundamentales, para ser tales, no deben ni pueden quedar sujetos al criterio de la mayoría.

---

[53] *Ibid.*, p. 103.
[54] *Ibid.*, p. 104.

JUAN CARLOS GENEYRO*

Introducción

¿Por qué leer a John Stuart Mill hoy? Hay que convenir que no es muy común abordar el análisis de los principales caracteres del pensamiento ético y político de este autor, con particular atención en cuanto a sus interrelaciones entre libertad, autonomía y educación; y hay aquí ya una razón, si se prefiere motivación, para responder al porqué.[1] Interrelaciones que refieren, además, a los atributos y responsabilidades del Estado y de la sociedad civil respecto de ellas y a la formación moral y cívica de todos los individuos que la componen, especialmente de las generaciones más jóvenes; cuestiones que preocupan y que aborda el autor una y otra vez en varios de sus escritos. Hay que de-

---

* Este texto se presentó originalmente bajo el título de *Actualidad de John Stuar Mill: interrelaciones entre libertad, autonomía y educación*

[1] Uno de los pocos que ha tratado distintas posiciones en cuanto a la interrelación entre la libertad y la educación es Rodolfo Vázquez, en una obra que recomendamos ampliamente para quienes se interesan en este tema: *Educación liberal. Un enfoque igualitario y democrático* (R. Vázquez, 1999). Para este trabajo he tenido en cuenta otros escritos míos ya editados que consigno al final, en los que analizo algunos perfiles del pensamiento de Mill y uno último –lleva por único título *John Stuart Mill*– que me solicitaron Ana María Salmerón y Azucena Rodríguez para un *Diccionario de filosofía de la educación* que están elaborando junto con otros colegas.

cir que las mismas no son cuestiones menores en nuestros días y la lectura de Mill puede ilustrar sobre cómo encararlas. Como he sostenido en otros trabajos, desde los mismos inicios de la Modernidad se estableció una disyuntiva que abrió a múltiples polémicas y posiciones encontradas respecto a quién educa: ¿el Estado o la sociedad civil? En la perspectiva de adjudicar al Estado un protagonismo en cuanto a la educación y la formación en ciudadanía se inscriben, con sus particulares matices, T. Hobbes; J. J. Rousseau; M-J. Condorcet; A. Comte, E. Durkheim, entre otros. En posiciones que atribuyen a la autoridad paterna y a las iniciativas privadas mayor preponderancia, en desmedro del papel del Estado, se encuentra J.S. Mill, junto a autores tales como J. Locke; W. von Humboldt; H. Spencer (J. C. Geneyro, 2007; 2012). Sin duda que los partidarios de un mayor protagonismo de las iniciativas e instituciones privadas en la función de educar pueden encontrar en él principales argumentos para sostener sus posiciones; serían entonces un buen ejemplo de cómo deben adoptarse y aplicarse las directrices que formulan los grandes intelectuales, según la propia concepción de Mill sobre quienes deben generar las opiniones calificadas respecto a los temas de interés general (J.S.Mill, 1981, pp. 138-140). Pero, hay que decirlo, esos partidarios solapan o dejan de lado muchas veces algunas condiciones que establecía para que ese protagonismo fuera efectivo y no sólo una apariencia de educación general y democrática. Importan sin duda esas condiciones porque hacen a la realización y a la calidad de la democracia; que conllevan necesariamente el desafío de la formación en ciudadanía pero también la formación para la libertad y la autonomía individual en el marco de determinadas condiciones básicas de igualdad. Desde esta perspectiva también es sugerente su lectura, porque sabemos que hoy en día se renuevan y recrudecen los llamados de quienes abogan por dejar en manos de las instancias privadas toda o la mayor parte de la educación, máxime cuando las crisis económicas son utilizadas como argumentos que justifican algunos reclamos para que los Estados recorten el mal llamado "gasto social". En contraposición a esos reclamos hay otros posicionamientos, que reivindican la necesidad de proveer más y mejor educación, especialmente para quienes no pueden asumir los costos de ella; consecuentemente, otorgan y demandan al Estado una mayor atribución y responsabilidad en ese cometido. En lo personal, comparto más esta última posición. Vale la pena repasar los recaudos que presenta Mill en relación con una y otra de estas posiciones, pero adelantamos una premisa suya: *la educación es incompatible con la extrema pobreza.*

Junto con la disyuntiva apuntada respecto de quién educa se constituye otra desde los mismos inicios de la filosofía política moderna, la que retoman también desde posiciones encontradas los dos grupos de autores antes citados; esta disyuntiva refiere al siguiente interrogante: si se debe educar para la individualidad distintiva y original de cada quien, que supone la heterogeneidad y la libertad de enseñanza o si, por el contrario, se debe proveer por parte del Estado una educación común obligatoria que configure una moral cívica y una identidad nacional en todos los individuos, lo que demanda una cierta homogeneidad por sobre los grupos e intereses particulares. No es arriesgado afirmar que quienes defienden la mayor potestad de la autoridad paterna y de las iniciativas privadas en la función de educar, abogan por que ella atienda a la formación de la original individualidad de cada quien para el pleno ejercicio de sus libertades y su autonomía. Mill se identifica con esta concepción, aunque no deja de presentar ambigüedades, si no contradicciones cuando, por ejemplo, subraya la necesidad de regular los egoísmos con el fin de proveer ciertas condiciones a la vida social, como veremos más adelante.

Hay otros motivos para leer o releer a este autor. En nuestra actualidad se verifica el interés creciente por afianzar la libertad individual y la autonomía en cuanto a elecciones de vida, pero también lo hay acerca del papel de una moral cívica para la convivencia social; así como recrudecen y se renuevan las discusiones respecto de las mayores o menores facultades del Estado para regular o participar en las actividades económicas; en las de los medios de comunicación; en la asistencia social y, claro está, en la educación. Por último, sin creer que se cierra así una lista de motivos para su lectura, el análisis de su concepción de la libertad y de autonomía es limitado si no se consideran y se comprenden las interrelaciones de ellas con sus notas sobre la educación. Porque sin duda alguna, en el caso de este autor y de muchos de nosotros antes que libres y autónomos fuimos educados, si bien nos fue. Quiero decir, la índole del ejercicio de la libertad, de la autonomía misma, se afinca y se cualifica en la educación. Y ella a su vez depende en buena medida de las condiciones económicas y sociales de nuestra respectiva situación originaria. Tesis que, como se verá, puede verificarse en la historia de vida de J. S. Mill y él mismo la considera en varios de sus escritos; por ende, un buen comienzo para hilvanar las interrelaciones entre libertad, autonomía y educación es hacer un repaso de principales hitos de su trayectoria educativa.

Interrelaciones entre libertad, autonomía y educación

La trayectoria educativa de J. S. Mill

Nació en Londres el 6 de mayo de 1806 y desde muy temprana edad su padre, James Mill, se hizo cargo de su educación basada en una disciplina estricta; vale la pena apuntar que éste había abandonado la carrera de clérigo de la iglesia presbiteriana escocesa y dejado de lado las creencias religiosas, para adherir activamente a los principios del utilitarismo de su amigo Jeremías Bentham. Sin duda, estas decisiones y convicciones paternas incidieron en el proceso de socialización de J. S. Mill, así como luego también en su propia concepción ética y pedagógica. Isaiah Berlin hace una breve semblanza sobre las convicciones de James Mill que orientaron la educación impartida a su hijo, los caracteres de ella y su resultado: en cuanto a sus convicciones, señala que fue el último de los grandes *raisonneurs* del siglo XVIII y no fue influido por las nuevas corrientes románticas de la época; como Bentham y los filósofos materialistas franceses, consideraba al ser humano como una especie natural y su estudio sistemático (como los propios de la zoología, la botánica o la física) debía fundarse sobre *firmes conocimientos empíricos*. Por ello, en cuanto a los caracteres de la educación de su hijo, Berlin apunta que James Mill le proveyó conocimientos de ciencias naturales y lenguas clásicas, evitando la religión y la metafísica por considerarlas, como Bentham, *obra de la idiotez humana*. Entendía que mediante una educación racional el hombre podría estar a salvo de "la ignorancia y la debilidad, las dos grandes fuentes de irracionalidad de pensamiento y acción, únicas responsables de las miserias y vicios de la humanidad". Según Berlin, el experimento educativo de James Mill "tuvo en cierto modo un éxito aterrador. John Mill poseía al cumplir los doce años los conocimientos de un hombre de treinta excepcionalmente erudito" (I. Berlin, 1988, pp. 246-247). Conviene ampliar las notas sobre su trayectoria, para luego acudir a la propia narrativa de J. S. Mill en su *Autobiografía*, porque de algunos de sus párrafos se derivan apreciaciones suyas que concurren a nuestro propósito de analizar las interrelaciones entre libertad, autonomía y educación.

Aprendiz de aritmética y griego cuando apenas tenía tres años (se supone que ya manejaba básicamente su propio idioma) pudo en poco tiempo más leer con la dirección de su padre a varios clásicos de la filosofía griega, entre ellos a su admirado Sócrates, por supuesto a Platón y algunos textos de Aristóteles. Esas lecturas las alternó con libros más recreativos: *Las mil y una noches; Don Quijote; Robinson Crusoe; Cuentos árabes* y otros más. Hacia los ocho años inició sus estudios de latín (al mismo tiempo que le enseñaba a una de sus hermanas) y pudo luego leer a Virgilio, Horacio, Salustio, Ovidio, Lucrecio y Cicerón. Cabe agregar que hacia los doce años ya había leído también en griego *La Ilíada y La Odisea*, dramas de Sófocles, Eurípides y Aristófanes; todo *Tucídides*, obras de Demóstenes, Dionisio, Polibio y la *Retórica* de Aristóteles. Por la importancia que le otorgaba el padre a esta obra tuvo que volcarla toda ella en cuadros sinópticos. A partir de esa edad, señala en su *Autobiografía* (2008) que se inició en la lógica escolástica, los principios de la economía política; leyó entonces a Hobbes y muchos libros de historia. Tuvo como ámbito de estudio el mismo utilizado por su padre para su trabajo intelectual y eso le permitió consultarlo siempre sobre sus dudas, lo que da cuenta de la paciencia y el empeño puesto por James Mill en la educación de su hijo, pues además en las tardes realizaban paseos por los alrededores de su hogar y escuchaba entonces al hijo en su repaso de lo aprendido cada día, dándole indicaciones o remarcando aquello que consideraba importante. Hay que decir también que por decisión paterna J. S. Mill nunca concurrió a escuelas ni a colegios, para evitarle convivencia con otros niños que pudieran influir negativamente en su proceso formativo.[2] Aparte de su padre, en su autobiografía reconoce que hubo algunos amigos y colegas de su padre que también fueron importantes en su formación, siempre en ámbitos hogareños o estancias veraniegas, tales como David Ricardo, Jeremías Bentham, su hermano, sir Samuel Bentham, que hacia 1820 residía en el sur de Francia; con éste se hospedó durante todo un año y viajó a distintas ciudades en su primera visita a Francia; tenía entonces catorce años. Durante esa estancia, además de aprender el idioma francés, acudió a cursos de química y zoología de la Facultad de Ciencias de Montpellier; también de matemáticas superior en el colegio de esa localidad. Vale aquí una cita directa, porque da cuenta del fuerte impacto de este viaje en su formación y deja traslucir críticas a una idiosincrasia inglesa que desliza también en otros escritos. Críticas que pudieron alentar, probablemente, sus reivindicaciones de la libre elección y la originalidad ante la *tiranía* de la costumbre y la *mediocridad* de la opinión pública:

la mayor ventaja que debo a este episodio de mi educación fue la de haber respirado durante todo un año el ambiente libre y amable de la vida en el Continente. Aunque en aquel tiempo no podía estimarla ni sentirla *conscientemente*, esa ven-

---

[2] Tampoco Herbert Spencer concurrió nunca a la escuela por similares razones y su educación estuvo, en buena medida, a cargo de un tío. Ambos reflejaron luego, en sus escritos, esas prevenciones hacia las instituciones educativas. Ambos, también, fueron educados con férrea disciplina y ambos trabajaron en empresas desvinculadas de los ámbitos académicos.

taja no dejó por ello de ser menos real. Al haber tenido tan poca experiencia de la vida inglesa, [...] ignoraba el bajo tono moral de lo que en Inglaterra se llama sociedad: el hábito, no, ciertamente, de confesar, pero sí de admitir, con todas sus posibles implicaciones, que la conducta se dirige siempre a asuntos de poca monta, a pequeñeces; la ausencia de sublimes sentimientos, que se pone de manifiesto en la mueca de desprecio ante toda expresión de los mismos. [...]Tampoco podía yo apreciar entonces el cultivo general del entendimiento que tiene lugar como resultado de ejercitar habitualmente los sentimientos y que se ha trasmitido hasta incluso las clases más humildes de varios países continentales. Ello ha ocurrido así en un grado jamás alcanzado en Inglaterra, ni siquiera entre las gentes educadas [...] No sabía yo hasta qué extremo la mayoría de los ingleses son incapaces de interesarse por nada que vaya más allá de su propio egoísmo. (2008, pp. 88-89; cursivas mías).

Dos cuestiones quiero apuntar de este texto: la primera, relativa a mi subrayado, porque entiendo que en su proceso de configurarse como individuo libre y autónomo, Mill otorga suma importancia a las experiencias de este viaje al hacer un repaso de su trayectoria educativa, pero reconoce que cuando lo realizó no era consciente del impacto en su formación. Este reconocimiento sugiere que no todas las actividades y experiencias orientadas al pleno y cabal ejercicio de la libertad y la autonomía deben estar conscientemente decididas e identificadas por el individuo que las vive, pero sin duda algunas de ellas pueden incidir significativamente en la configuración de las mismas. No es arriesgado pensar que el padre de Mill sí hizo alguna ponderación de los posibles beneficios de ese viaje al haber favorecido su realización, considerando la edad que tenía entonces su hijo: catorce años. Edad que, para nuestro autor, no es todavía la que permite un pleno ejercicio de la libertad y la autonomía, tal como lo explicita en sus *Principios de economía política* y en su ensayo *Sobre la libertad* (2006, p. 819; 1981, p. 66). La segunda tiene que ver con la importancia que atribuye a los sentimientos en el proceso formativo. Es pertinente señalar que asienta en su autobiografía un velado reclamo al padre en cuanto a la ausencia de todo gesto de ternura en su trato cotidiano para con él, trato que, nos cuenta, luego modificará con sus hermanos menores. Para algunos estudiosos de su trayectoria, esta veda de los sentimientos en su educación motivó en gran medida su crisis mental en 1826. Crisis que le llevó a rever y tomar distancia de la concepción de vida y de felicidad inculcada por su padre, de la que da cuenta en un capítulo de su narrativa biográfica bajo un sugerente título, "Una crisis en mi historia mental. Un paso adelante".

Cuando regresa de Francia, retoma la tutela educativa de su padre, que le da a leer el *Tratado de las sensaciones* de Condillac; estudia derecho con John Austin, conocido de su padre; lee por primera vez una historia sobre la Revolución francesa y descubre "con asombro" su legado de los principios democráticos y, muy importante en su trayectoria, inicia el estudio de las tesis de J. Bentham. Reconoce este tiempo, verano de 1822, como la "última etapa de educación y primera de autoeducación" dado que entabla por primera vez una relación no tutelar en su desarrollo intelectual con Charles Austin, la cual caracteriza así: "Él fue la primera persona inteligente con la que me relacioné a un nivel de igualdad, si bien yo era con mucho su inferior" y, además, continúa su formación intelectual "escribiendo más y leyendo menos". No obstante, prosiguió con su lectura de otros pensadores, A. Comte entre ellos[3] y viajó nuevamente a Francia, conoció a

---

[3] La lectura de los primeros textos de Comte, como su *Curso de filosofía positiva*, le impactó fuertemente y pudo iniciar una relación epistolar con él, que terminará luego de leer *Sistema de política positiva*, acusándolo entonces

Lafayette y se relacionó con *varios jefes activos del Partido Popular Extremo*. Hay que destacar que lee entonces, apenas editada, *La democracia en América* de Tocqueville, de fuerte impacto en su propia concepción de la democracia y del gobierno representativo.

Desde mi punto de vista, esta contemporaneidad que J. S. Mill reconoce entre su última etapa de educación y la primera de su autoeducación, que implica una cierta libertad de elección y de autonomía, indica que el proceso de configurarse como persona autónoma coexiste en sus inicios –quizás por más tiempo– con una direccionalidad educativa heterónoma. No es ésta una cuestión menor, porque da cuenta de una cierta contemporaneidad entre un proceso educativo claramente directivo, marcadamente tutelado, con determinadas situaciones (su viaje es un ejemplo de ello) que favorecen experiencias iniciales para la configuración y ejercicio de la autonomía, así como de la libertad en algunas de las dimensiones que él mismo aborda en su ensayo sobre la misma.

Su primer ensayo, escrito en el verano de 1822, refiere a un tema que luego recuperará en distintas partes de su obra: el cuestionamiento a lo que considera un prejuicio de la aristocracia, que consistiría en pensar que los ricos son, o muy probablemente sean, superiores a los pobres en calidad moral. Luego hará otro para defender la posición de Pericles, bajo el supuesto de que recibió críticas de los suyos ante su negativa de ir a luchar contra los macedonios cuando éstos invaden Ática. Al año siguiente fundará la Sociedad Utilitaria, siendo entonces el primero que denominará con ese

---

de proponer instituir "el más completo sistema de despotismo espiritual y temporal que ha producido el cerebro humano [donde] el yugo de la opinión de la mayoría, articulado por un cuerpo organizado de maestros y dirigentes espirituales tendría el control supremo de toda acción..." (2008, pp. 222-225).

nombre la corriente filosófica iniciada por J. Bentham y a la que adhiriera activamente su padre (vale la pena ver de dónde extrae el término y su sentido; 2008, p. 106). También por estas fechas y por decisión paterna hace su ingreso laboral en la East Indian Company, en la que James Mill desempeñaba un cargo jerárquico, bajo la supervisión directa de éste y donde permanece por treinta y cinco años hasta el cierre de la compañía, disponiendo a partir de entonces de una buena renta jubilatoria.

J. S. Mill afirma que toda la empresa educativa llevada a cabo por su padre fue más para *enseñarle a conocer* que para *enseñarle a hacer* y esta segunda actividad la desarrolló principalmente en su trabajo. A través de las funciones que tuvo que realizar y especialmente cuando accedió a un cargo jerárquico, nos cuenta que aprendió a influir en las opiniones de individuos menos preparados y a dirigir voluntades, así como a distinguir entre lo esencial y lo no esencial, susceptible de sacrificar o declinar (lo negociable) con el objetivo de afianzar y mantener lo que consideraba esencial; también le permitió observar "como se dirigen en la práctica los negocios públicos", aprendizaje que reconoce como esencial para sus iniciativas de reforma de las ideas e instituciones de su época. Encuentro aquí pistas de su propuesta pedagógica para las universidades de su entorno, que luego retomaré, cuando expresa que ellas no deben ocuparse de las demandas mundanas (hoy diríamos del mercado) y las cuestiones relativas a cómo *ganarse la vida*. Claro está que piensa así desde el carácter de su propia educación y sus propias condiciones reales de existencia. Además, él reconoce explícitamente que gracias a la renta de su trabajo pudo escribir sin necesidad de depender de esta actividad para vivir cómodamente. Para finalizar este apartado, quiero retomar un párrafo de su autobiografía que refiere a una característica de la educación impartida por su padre, en cuanto que fue sujeto a una disciplina rigurosa y estricta; cita que importa para agregar algunos matices, interrogantes y reflexiones, a nuestro esbozo de las interrelaciones entre libertad, autonomía y educación:

> En cuanto a mi propia educación, no sé si salí ganando o perdiendo como consecuencia de su severidad. Pero ello no me impidió tener una infancia feliz. Y no creo que pueda lograrse que los niños se apliquen con vigor, y lo que es más difícil con perseverancia, al estudio de materias áridas y espinosas, por sólo la fuerza de la persuasión y los amables consejos. Mucho de lo que los niños deben hacer y aprender requiere, como medio indispensable, que se sometan a una rígida disciplina y que sepan que se los puede castigar [...] Es sin duda un esfuerzo loable de la pedagogía moderna de hacer fácil e interesante para los jóvenes lo que éstos tienen que aprender. Pero cuando este principio es llevado al extremo de no exigir [...] que aprendan nada más lo que les resulta fácil e interesante, entonces hemos matado uno de los objetos principales de la educación. Mucho me alegra que vayan desapareciendo los brutales, tiranos, métodos pedagógicos de antaño, que, sin embargo, lograron dar fuerza a los hábitos de aplicación. Pero me parece a mí que los nuevos están formando una raza de hombres que serán incapaces de hacer nada que les sea desagradable (2008, pp. 82-83).

Mill duda sobre los efectos de la severa disciplina impuesta por el padre en su educación, pero al mismo tiempo, con algunos matices, toma partido por ella para lograr el desarrollo del carácter y la templanza; la que su padre pretendía para él y que reconoce finalmente como provechosa en la formación de la niñez y la juventud. Pero su posición al respecto genera algunos interrogantes: ¿puede favorecerse la plena autonomía con tal directividad pedagógica?; ¿con esa férrea disciplina y el miedo (que acepta) como recurso pedagógico, es posible preparar para la libertad? ¿No es incompatible esa prolongada tutela del padre, que incluso –como él mismo dice– decide su actividad laboral y lo supervisa también, con un ejercicio más propio de la libertad a partir de una juventud avanzada?[4]

Antes de perfilar algunas reflexiones sobre tales interrogantes posibles (ya alguna se deriva de la nota al pie), no está de más recordar que en los legados de T. Hobbes, de J. Locke y de T. Moro, también en la concepción de H. Spencer, la férrea disciplina, los esfuerzos, los sacrificios, las privaciones y la regulación del deseo son todos medios necesarios para la formación del carácter, la fortaleza y la templanza;[5] James Mill responde a esa tradición cuando educa a su hijo y, según entiendo, éste comparte en alguna medida dichos legados. Quizás la respuesta no pueda ser una y definitiva, pero algunos indicios de respuesta sobre los interrogantes pueden encontrarse en la propia vida adulta de J. S. Mill y en sus enfáticas reivindicaciones del respeto por la individualidad, por la diversidad, incluso por la excentricidad, así como de la tolerancia como

---

[4] En otro texto, referido a É. Durkheim, también para el *Diccionario de filosofía de la educación* que mencioné en una nota anterior, hago referencia a las críticas de J. Piaget a É. Durkheim (desde mi punto de vista parciales) al proponer una *educación homogénea* con una fuerte directividad del maestro sobre sus alumnos, que contradice su intención de propender a la autonomía personal mediante la educación. Para J. Taberner y A. Bolívar, Durkheim y Piaget representan dos concepciones "del desarrollo sociomoral; la moral como socialización heterónoma (Durkheim, psicoanálisis, conductismo y aprendizaje social) y como construcción y desarrollo de un juicio autónomo (Piaget, Kolberg) [...] En el fondo, este doble enfoque no es sólo una cuestión teórica, se manifiesta continuamente en la práctica educativa: educar en valores es, por una parte, asumir las normas y valores del grupo social; por otra, contribuir a pensar y tomar decisiones por sí mismo" (É. Dukheim, 2002, p. 39). Creo que también en la educación de J. S. Mill se verifican ambas, aunque él privilegie esta última en varios de sus escritos.

[5] Este tema lo he abordado en un artículo publicado recientemente, que titulé "Una condición de ciudadanía en la modernidad: la regulación del deseo" (J. C. Geneyro, 2012).

puntales de su propuesta ética. Porque, pese a la educación paterna, pudo asumir con más plenitud su libertad y su autonomía a partir de una cierta edad; es decir, supo elegir, realizar y sostener su proyecto de vida. ¿Puede dudarse que su trayectoria educativa, basada desde sus primeros años en estudio constante y lectura sistemática, en las relaciones tutoriales con su padre y algunas colegas de éste que reconoce como maestros, así como en viajes, actividades y encuentros con intelectuales destacados, fue decisiva para ese cometido? Tampoco, creo, puede ignorarse que para esa trayectoria educativa, el clima social y cultural, así como las condiciones económicas básicas para ese tránsito formativo que en buena medida gestó su padre, fueron determinantes para su realización. No sorprende entonces que él se inscriba, como antes apuntábamos, en aquel grupo de filósofos que defienden a ultranza el protagonismo de los padres y de las iniciativas privadas o no estatales para proveer la educación. Tampoco es casual, y habría aquí otro indicio de respuesta a los interrogantes expuestos, su inscripción en las propuestas pedagógicas orientadas a la atención y desarrollo de la individualidad original de la persona humana, que supone entonces una educación acorde para cada quien y alejada lo más que se pueda de toda homogeneidad que conduzca a la mediocridad. Hay que darle la razón a Isaiah Berlin cuando apunta:

> Alguna vez hemos afirmado que la conducta de una persona constituye una expresión más genuina de sus creencias que sus escritos. En el caso de Mill no existe contradicción entre comportamiento y obra. Su vida fue encarnación de sus creencias (I. Berlin, p. 245).

Cabe sólo agregar que J. S. Mill no tuvo hijos y no sé cuánto puede haber incidido para ello la relación afectiva, "de profundo afecto y confidencialidad íntima", que mantuviera durante veinte años con Harriet Taylor, hasta su matrimonio en 1851 luego de enviudar ella. Relación que reconoce de suma importancia en su trayectoria intelectual y en sus convicciones políticas; con quien se volverán más socialistas que demócratas, dado que siendo la educación tan "deplorablemente imperfecta, nos aterraban la ignorancia y, especialmente, el egoísmo y la brutalidad de las masas". Con ella, y lo destaca, elaborará los primeros escritos sobre *La libertad*, que luego revisan y corrigen para su edición como libro, publicado poco después de morir ella en 1858. A partir de entonces y hasta su muerte en Avignon, Francia, en mayo de 1873, su hijastra Helen Taylor ocupa entonces el papel de asistirlo en su trabajo intelectual y participará activamente en la edición de sus últimos trabajos y de algunos escritos hasta entonces inéditos.

Algunas perspectivas desde sus escritos filosóficos

De la lectura de su ensayo sobre la *Sobre la libertad*, publicado en 1859 poco después de morir su esposa y a quién dedica esta obra reconociéndole una participación destacada en su elaboración, puede afirmarse que el "Principio de la mayor felicidad", que sustenta los preceptos morales del utilitarismo, puede estar acompañando por otro derivado de sus tesis en dicha obra: la mayor libertad para el mayor número de individuos. Consigna que conlleva la menor intervención estatal en los asuntos privados y en los asuntos públicos, así como la mínima injerencia social en el ejercicio de la libertad individual y la autonomía. Pero, la menor intervención del Estado no indica ninguna, así como tampoco la mínima injerencia social supone que no sea necesario incidir en la configuración y en el ejercicio de la libertad y de la autonomía:

> El objeto de este ensayo es afirmar un sencillo principio destinado a regir absolutamente las relaciones de la sociedad con el individuo en lo que tengan de compulsión o control, ya sean los medios empleados [por] la fuerza física en forma de penalidades legales o la coacción moral de la opinión pública [...] Que la única finalidad por la cual el poder puede, con pleno derecho, ser ejercido sobre un miembro de una comunidad civilizada contra su voluntad, es evitar que perjudique a los demás. Su propio bien, físico o moral, no es justificación suficiente [...] La única parte de la conducta de cada uno por la cual él es responsable ante la sociedad es la que se refiere a los demás. En la parte que le concierne meramente a él, su independencia es, de derecho, absoluta. Sobre sí mismo, sobre su propio cuerpo y espíritu, el individuo es soberano (1981, pp. 65-66).

Asentadas estas premisas sobre la libertad y sus límites, inmediatamente advierte que ellas sólo son aplicables a los adultos con pleno desarrollo y dominio de sus facultades; no lo son para "los niños y jóvenes" que no hayan llegado a la mayoría de edad que la ley fije y que requieren todavía tutela y protección que los preserve de riesgos e incluso de posibles consecuencias de sus propios actos. Es decir, que dependen de terceros y por tanto no son todavía plenamente libres ni autónomos.[6] De ahí la propuesta del principio antes formulado, porque la mayor libertad para el mayor número de individuos no solo demarca la exclusión de quienes todavía no son mayores de edad, sino que

---

[6] El mismo argumento lo hace extensivo a pueblos atrasados, que justifican el colonialismo (primeramente el inglés, entiendo, considerando la empresa en la que trabaja), incluso el depotismo, para favorecer el pasaje de la barbarie a la civilización. Entre otros, aquí Mill ejemplifica el principio: *el fin justifica los medios*, tan cuestionado desde otras posiciones ético-filosóficas.

recoge también el recaudo de Mill sobre aquellos adultos que pudieran necesitar, a su juicio, tutela y protección. Quiero ahora presentar algunas de las expresiones principales de la libertad, tal como las entiende el autor, para destacar las interrelaciones que ellas implican con la autonomía y, particularmente, con la educación:

1. El dominio interno de la conciencia, que exige *la libertad de conciencia en el más comprensivo de sus sentidos;* incluye la libertad de pensar y sentir, así como *la libertad de expresar y publicar* y, lo que es muy importante para nuestro análisis, *la libertad conexa de hablar y escribir.* Aquí encuentra cabal sentido la prioridad educativa de desarrollar las capacidades de lecto-escritura, que se entrelazan con las propias de la expresión oral igualmente necesaria; porque sin la disposición de estas capacidades se empobrece el ejercicio de dichas libertades y el dominio de la propia conciencia; por ende, de la autonomía.[7] Para dar cuenta de la importancia que el propio Mill daba a estas capacidades de lecto-escritura apelo a un párrafo de su libro, *Sobre el gobierno representativo*:

Estimo como totalmente inadmisible que participe del sufragio el que no sabe leer ni escribir y, aún añadiré, ni las primeras reglas de aritmética [...] La justicia exige, aunque el sufragio no dependa de ella, que los medios de adquirir esa instrucción elemental estén al alcance de todos, sea gratuitamente, sea mediante una remuneración que no exceda los recursos de los más menesterosos[...] Cuando la sociedad no ha cumplido con su deber, haciendo accesible a todos este grado de instrucción, hay, ciertamente, injusticia en dichas exclusiones, pero es una injusticia necesaria. Si la sociedad ha descuidado llenar dos obligaciones solemnes, la más im-

---

[7] Cuanta verdad encierra la proposición de Wittgestein en su *Tractatus* cuando apunta que los límites del lenguaje determinan los límites del mundo de cada quien.

portante y fundamental de las dos debe ser atendida en primer lugar: *la enseñanza universal debe preceder al sufragio universal* (2007, p. 162. Cursivas mías).

Cabe recordar que en varios de los países latinoamericanos, luego de sus independencias y en el proceso de consolidación de los Estados nacionales, la consigna de *Educar al Soberano* alentó las políticas educativas para que pudieran ejercer los derechos y deberes de una ciudadanía plena, especialmente a partir de la segunda mitad del siglo XIX y principios del XX. Considero que, más allá de no acordar con su tesis de la restricción del voto, a nosotros corresponde plantearnos no sólo si dichas competencias son adquiridas en los tramos iniciales de las trayectorias de niños y jóvenes, y qué hacer para que ellas sean propias de todos ellos (incluso de no pocos adultos), sino también cuáles otras son también indispensables para un pleno ejercicio de las libertades y la autonomía individual en nuestra actualidad.

2. La libertad de elección; respecto a "nuestros gustos y en la determinación de nuestros propios fines; libertad para trazar el plan de nuestra vida según nuestro propio carácter para obrar como queramos, sujetos a las consecuencias de nuestros actos..." (1981, pp. 68-69). Aquí se encuentran claramente ejemplificados los dos tipos de libertad distinguidos por I. Berlin: libertad negativa, o sea, libertad de, y libertad positiva o libertad para. Y si bien en ambas queda comprendida la importancia de la educación, ella es el principal sustento del ejercicio de la libertad de cada individuo para elaborar su plan de vida. Por otra parte, para J. S. Mill esta expresión de libertad es fundamental en su concepción de autonomía y se interrelacionan íntimamente con la educación por las facultades que demanda el poder elegir por sí mismo. Veamos por qué:

> El que escoge por sí mismo su plan (*de vida*), emplea todas
> sus facultades. Debe emplear la observación para ver, el ra-
> zonamiento y el juicio para prever, la actividad para reunir
> los materiales de la decisión, el discernimiento para decidir,
> y cuando ha decidido, la firmeza y el autodominio (*self-con-
> trol*) para sostener su deliberada decisión. Y cuanta más am-
> plia sea la parte de su conducta, la cual determina según su
> propio juicio y sentimiento, más necesita y ejercita todas es-
> tas cualidades (1981, p. 129).

Del texto pueden derivarse algunas reflexiones: Mill no se refiere sólo a capacidades sensoriales e intelectuales, sino a actitudes relativas al carácter y a la templanza, que él reconoce como primordiales en el proceso de formación de la individualidad (cualidades estas que rememora del ideario pedagógico de su padre y de la educación recibida). Por otra parte, hacia el final de la cita queda esbozado un lineamiento pedagógico sobre cómo la educación puede favorecer paulatina y crecientemente el ejercicio de tales *cualidades*: generando situaciones y favoreciendo experiencias para el desarrollo y el ejercicio de tales facultades. Pero, hay que decirlo, esta expresión de libertad que enuncia Mill en cuanto a elegir y proyectar un plan de vida, requiere desde mi punto de vista una cierta seguridad prospectiva, que dé sentido a ese proyectar porque de no ser así, sería más bien una *apariencia* de libertad para decirlo en términos de Nietzsche. Y esa seguridad prospectiva supone que el individuo ha tenido –y tendrá– ciertas condiciones de existencia que le permiten desarrollar esas facultades, necesarias tanto para proyectar como para luego realizar su plan de vida.

3. El libre desarrollo de la individualidad, que retoma expresamente de los postulados de W. von Humboldt sobre su concepción de individualidad y lo considera como uno de los principios esenciales del

bienestar de la humanidad. Este principio lo interrelaciona con la educación en un sentido amplio y destaca su importancia, cuando afirma que

> ...Si se comprendiera (que dicho principio) no es sólo un elemento coordinado con todo lo que designan los términos civilización, instrucción, educación, cultura, sino que es una parte necesaria y una condición para todas estas cosas, no habría peligro de que la libertad fuera depreciada y el ajuste de los límites entre ella y la intervención social no presentaría ninguna dificultad extraordinaria (*ibid.*, p. 127).

Ahora bien, este libre desarrollo de la individualidad original y distinta en cada quien no deja de tener sus limitaciones: no sólo las ya expuestas en el inicio de este apartado y de las cuales se encargan las penalidades de la ley y la opinión pública, sino otras que refieren a su concepción de la naturaleza y, más particularmente, a los caracteres de la naturaleza humana. Ciertamente, en su ensayo sobre *Sobre la libertad*, que hace énfasis en el libre desarrollo de la individualidad, advierte que la naturaleza humana *no es una máquina que se construye según un modelo*, sino que semeja un árbol que necesita crecer *según las tendencias de sus fuerzas interiores que hacen de él una cosa viva*. Pero, en una de sus últimas obras, *La Naturaleza*, acepta que si bien en la naturaleza humana hay una mayoría de tendencias instintivas, las que, reguladas,[8] pueden expresarse en acciones destinadas a la conservación y bienestar de la especie, "también tenemos instintos malos y que la *finalidad de la educación* debe ser, no simplemente *regularlos*, sino extirparlos, o mejor (lo cual puede hacerse hasta con un instinto), hacerlos morir por falta de uso" (1998, pp. 80-81. Cursivas mías). Entre ellos mencio-

---

[8] Puede consultarse al respecto mi artículo: "Una condición de ciudadanía en la modernidad: la regulación del deseo" (*op. cit.*, 2012).

na dos: el *instinto de destrucción* y el *instinto de dominio*; pero me importa más, para sostener la necesidad de interrelacionar su visión de la libertad y la autonomía con sus ideas acerca de la educación, realzar su idea sobre la función de regular tendencias instintivas de la naturaleza humana que asigna a la educación en el proceso de socialización.

Es sabido que uno de los supuestos del utilitarismo es el reconocimiento del egoísmo como característico de la naturaleza humana, así como su aceptación en tanto que cada individuo mediante el mismo orienta sus acciones a la consecución de placer; a su felicidad.[9] Un fuerte legado de Hobbes, que en su *Leviatan* enfatiza que no hay sumo bien ni tampoco fin último; que el deseo es energía constante del ser humano y que todo bien obtenido no es sino condición para orientarlo a la consecución de otros y que esa energía; es decir, el desear, no cesa sino con la muerte. En su defensa del utilitarismo, J. S. Mill coincide con Bentham en cuanto que los individuos poseen como rasgo característico de la naturaleza humana una tendencia egoísta interesada en obtener placer y evitar dolor; además, que disponen de otros atributos propios de dicha naturaleza tales como racionalidad y emotividad que también intervienen en su búsqueda de placer o felicidad.[10] El siguiente párrafo, extraído de *El utilitarismo*, ilustra sobre el criterio moral de Mill respecto del egoísmo:

---

[9] Esta concepción hobbesiana sobre el deseo como energía constante y la movilidad de sus metas, en mi opinión, impregna la concepción de S. Freud sobre la libido y sus "investiduras de objeto".

[10] Bentham establece criterios básicos para discriminar, calcular y elegir respecto de la búsqueda de placer: su intensidad, su duración, su certeza, su proximidad, su fecundidad y su pureza; los que también sirven para la *estimación de penas* (J. Bentham, 1981, p. 52). Mill recupera estos criterios, pero distingue entre placeres superiores (intelectuales, culturales) y placeres inferiores (propios de los apetitos y los sentidos).

> La gran mayoría de las acciones están pensadas no para beneficio del mundo sino de los individuos, a partir de los cuales se constituye la felicidad del mundo [...] La multiplicación de la felicidad es, conforme a la ética utilitarista, el objeto de virtud; las ocasiones en las que persona alguna (excepto una entre mil) tiene en sus manos hacer esto en gran escala –en otras palabras ser un benefactor público– no son sino excepcionales y sólo en tales ocasiones se le pide que tome en consideración la utilidad pública. En todos los demás casos, todo lo que tiene que tener en cuenta es la utilidad privada... (1984, pp. 64-65).

Este reconocimiento y aceptación del egoísmo como tendencia instintiva predominante en las intenciones de los individuos en su búsqueda, lo lleva a poner mayor atención sobre las consecuencias de sus actos en lo que pudieran afectar a terceros.[11] Ya hemos visto algunos recaudos a los que él apela, tales como las penalidades de las leyes y los juicios morales de la opinión pública para regular el ejercicio de la libertad individual. Con un sentido similar, Mill asigna a la educación la función de regular el egoísmo con base en el reconocimiento de otra tendencia instintiva de los individuos: la empatía hacia sus congéneres. Ello le permite asignar a la educación y a la opinión pública (además de orientar las leyes y el papel de las organizaciones sociales en el mismo sentido) el cometido de conciliar el principio del libre desarrollo de la individualidad y su libre elección en la búsqueda de felicidad con el bienestar general:

> ...la educación y la opinión pública, que tienen un poder tan grande en la formación humana, utilicen de tal modo ese po-

---

[11] Como sabemos, es lo que sustenta su inscripción en una ética de la responsabilidad, basada principalmente en las consecuencias de los actos; la que algunos autores en el campo de la filosofía del derecho denominan "consecuencialismo".

der que establezcan en la mente de todo individuo una aso-
ciación indisoluble entre su propia felicidad y el bien del
conjunto (*ibid.*, pp. 62-63).

Aquí se hace evidente una cierta tensión conceptual entre esta propuesta y la posición asentada en la
cita anterior, porque en aquélla hay un mayor énfasis en una amplia manifestación del egoísmo acorde
a sus propias motivaciones e intereses, mientras que
en esta última hay una mayor demanda al obrar individual para atender al bien común. Por otra parte, hay
que tener en cuenta que este cometido asignado tanto
a la educación como a la opinión pública, incluso a las
leyes, debe ser entendido como un "deber ser", puesto que sus análisis acerca del estado y la extensión de
la educación, así como de la opinión pública y de algunas leyes principales (tal como las relativas a la propiedad privada), son sumamente críticos en varias de
sus obras. De no entenderlo así, tampoco pueden entonces comprenderse sus diversas y distintas opiniones respecto de las mismas. Por ejemplo, en su ensayo
Sobre la libertad critica la tiranía de la opinión pública
y el mandato rutinario de la costumbre, que induce a
la mediocridad y a un conformismo apático e indolen-
te que desmerece su propia individualidad.[12] Con un
mismo ánimo, en su libro *Del gobierno representativo* advierte enfáticamente que las instituciones políticas son
obra de los hombres y de su voluntad, sujetas a cambios según las épocas y a las condiciones de existencia de la población y sus necesidades; también, en sus
Capítulos sobre el socialismo, cuestiona un sentido único

---

[12] Estas notas suyas sobre la opinión pública y las costumbres nos re-
cuerdan algunas figuras literarias de Nietzsche, tal como "las moscas del
mercado" en su *Así hablaba Zaratustra* y, más todavía, ese contundente juicio que hace en una de sus *Intempestivas*: "la opinión pública es el albergue
de las perezas privadas".

e inamovible para concebir la propiedad privada y demanda nuevas leyes para favorecer una mejor redistribución de la riqueza entre las clases trabajadoras (2007, pp. 8 y ss.; 2011, pp. 136-137). Del mismo modo, en varios de sus textos critica las deficiencias y la escasa cobertura de una educación básica, al igual que la impartida en las universidades de su entorno a los hijos de las clases privilegiadas. Antes de pasar a estos temas, que tendrán una perspectiva de las interrelaciones entre libertad, autonomía y educación no haciendo tanto hincapié en la libertad y la autonomía individual sino más bien grupal, hay que apuntar otro aspecto relativo a su defensa a ultranza del principio de libre desarrollo de la individualidad. Aspecto que consiste en su contundente rechazo a que el Estado asuma de modo directo y protagónico la función de educar, otro de los postulados de W. von Humboldt al cual adhiere; rechazo que expresa en los siguientes términos:

> Me opondré tanto como el que más a que toda o una gran parte de la educación del pueblo se ponga en manos del Estado. Todo cuanto se ha dicho sobre la importancia de la individualidad de carácter y la diversidad de opiniones y conductas implica una diversidad de educación [...] Una educación general del Estado es una mera invención para moldear al pueblo haciendo a todos exactamente iguales (1981, p. 194).

No obstante, esta fuerte objeción a un intervencionismo estatal debe ser considerada a la luz de otros textos suyos donde reclama, para un buen gobierno, que los poderes gubernamentales concurran a proveer y promover las condiciones para una educación básica de las clases trabajadoras; así lo hace, por ejemplo, en su ensayo *Sobre el gobierno representativo*, donde propone los contenidos de la misma.[13] Esta consideración nos abre a otra perspectiva en el análisis de las interrelaciones que nos ocupan, pero ahora en sus análisis y propuestas más referidas a dichas clases.

Desde escritos editados bastante tiempo antes que su ensayo *Sobre la libertad* (y en otros posteriores), John Stuart Mill siempre recurrió a la educación como vía necesaria para el ejercicio de la libertad y la autonomía; en muchos de ellos pueden encontrarse propuestas referidas a las clases trabajadoras que también apuntan a ese cometido y, en algunas ocasiones, acompañará estas propuestas de más y mejor educación para las clases trabajadoras con reclamos sobre la educación que recibían quienes probablemente fueran los futuros dirigentes políticos y sociales: los hijos de las clases "opulentas e ilustradas"; según él, aletargadas en una conformidad renuente a aceptar que la "teoría de la dependencia"[14] no servía ya para controlar y subordinar los intereses de los trabajadores a los propios suyos. En "La civilización", artículo que publica en *London and Westminster Review* en mayo de 1836 y que reedita en 1859, agregándole como subtítulo "Señales de los tiempos", plantea que el avance de la democracia pue-

---

[13] Su propuesta incluye *lectura, escritura y cálculo, conocimientos sobre la conformación de la Tierra y de sus divisiones naturales y políticas, conocimientos elementales de la historia general y de la historia e instituciones de su país* (2007, pp. 162-163).

[14] Con el nombre de *teoría de la dependencia y la protección*, en *Principios de economía política*, en el capítulo titulado "Del futuro probable de las clases trabajadoras", Mill destaca el error de los grupos económicos y políticos dominantes empeñados en persistir obrar según la siguiente creencia: "la suerte de los pobres en todo aquello que los afecta colectivamente, debe regularse *para* ellos, no *por* ellos" (2006, pp. 644 y ss. Cursivas del propio autor). Esta advertencia de Mill, me lleva a recordar el desafío que nos lega É. Durkheim, cuando en el centenario de la Revolución francesa demanda que no sólo conmemoremos el abatimiento de una *dependencia ilegítima*: la esclavitud, considerada natural y legítima antes de la revolución, sino que también nos interroguemos en nuestra respectiva actualidad sobre cuáles otras pueden haberse transformado en *dependencias ilegítimas*.

de proyectarse según se "piense que las masas están o no están preparadas para ejercer el control que han ido adquiriendo sobre su propio destino de un modo que suponga una mejora sobre lo que ahora existe". Y no hay mayor duda de que él se inclina por proveer una educación general *para que las masas se hagan más prudentes y mejores*, así como aboga para despertar

> ...la energía dormida en las clases opulentas e ilustradas, *dotando a los jóvenes de dichas clases del conocimiento más profundo y valioso*, fomentando así cualquier grandeza individual que exista o pueda ser estimulada en el país, de tal manera que llegue a crearse un poder que pueda rivalizar parcialmente con el mero poder de las masas y pueda ejercer sobre ellas la más saludable influencia para su propio bien (2011, pp. 156-157. Cursivas mías).[15]

Luego entonces, se interroga si dichas clases y sus representantes en el gobierno no estarán obstaculizando el desarrollo de la democracia, desde la consideración de que el conocimiento es poder, y por tanto, su mayor difusión aceleraría el mayor protagonismo de las masas en una democracia ampliada.[16] Como puede apreciarse, esta sospecha de Mill es paralela a su reclamo de que se extienda la educación a todos, en tanto la concibe como condición necesaria para ejercer el derecho al voto y, por todo lo antes dicho, se sigue que

---

[15] En *Civilización* hace una fuerte crítica a la educación impartida por *Oxford y Cambridge, Eton y Westminster* que vale la pena leer por quienes se interesen por su concepción pedagógica; porque, además, desestima el planteo de que la educación universitaria debe responder primordialmente a los intereses del mercado (*ibid.*, 176-177).

[16] Cabe recordar que la Ley de Reforma Electoral de 1832, aumentó en alrededor de 50% el electorado inglés, abarcando principalmente áreas rurales. Para Mill, ello fue un ejemplo de cómo las grandes mayorías, mediante el creciente número y distribución de los periódicos gracias a mejores medios de locomoción, se beneficiaron con la difusión de las ideas y les permitió generar consensos y acciones para sus propias reivindicaciones.

no sólo es condición para la libre elección y la autonomía en términos individuales, sino tambіén grupales.

En la misma perspectiva, en *Principios de economía política (con algunas de sus aplicaciones a la filosofía social)*, editado por primera vez en 1848, un año de particular trascendencia en toda Europa, reconoce nuevamente la necesidad de una educación nacional efectiva para los hijos de las clases trabajadoras, así como medidas –similares a las adoptadas por la Revolución francesa– *que hagan desaparecer la extrema pobreza por una generación entera*; porque, afirma, esta condición es incompatible con la educación. Ese postulado de una educación nacional es lo que le lleva a relativizar su decidida oposición a un intervencionismo estatal en la educación, dado que en los *Principios* lo acepta como necesario para que, mediante subsidios financieros y apoyos económicos a las escuelas elementales, se asegure el acceso a la educación *de todos los niños pobres* (2006, pp. 810-811). Tesis ésta que recuerda las posiciones neoliberales que proponen la retracción del Estado como agente educador y postulan que, en todo caso, sólo provea asistencia económica o préstamos monetarios para solventar la educación en instituciones privadas.

Puede afirmarse que en Mill es recurrente la preocupación sobre el futuro de la democracia y de dicha preocupación se derivan sus propuestas para incidir sobre dos actores sociales principales: las clases trabajadoras y los grupos que ejercen un poder político aristocrático y un poder económico concentrado. Sobre los primeros, entiende que el cometido de la educación es desarrollar las facultades que hemos anunciado antes como condición para elegir y proyectar un plan de vida, que no sólo es aplicable a los individuos, sino que se extiende a quienes como grupo o clase requieren de ella para ese ejercicio colectivo. Vale la pena traer a colación algunas advertencias y prevenciones de Mill expuestas en sus *Principios de economía política*, teniendo como escenario y panorama los movimientos revolucionarios de 1848 y sus consecuencias:

> El bienestar y el buen comportamiento de las clases trabajadoras ha de descansar de aquí en adelante sobre otras bases muy distintas. Los pobres han soltado las andaderas y no se los puede ya gobernar o tratar como si fueran niños. Su destino tiene que depender en lo sucesivo de sus propias cualidades [...]. La teoría de la dependencia intenta hacer que no sean necesarias tales cualidades en las clases subordinadas. Pero ahora, cuando incluso en lo referente a su situación son cada día menos subalternas y sus espíritus cada vez menos con el grado de dependencia que aún resta, son las virtudes de la independencia las que más necesitan. [...]*La perspectiva del futuro depende del grado en que pueda convertírseles en seres racionales* (*ibid.*, p. 648. Cursivas mías).

Más allá del cuestionamiento que se le pudiera hacer por su última afirmación en esta cita, otorga a la educación este cometido y apuntará, poco más adelante, que las masas tienen como estímulo para educarse la posibilidad de acceder mediante ella a los *derechos electorales*. Creo que es claro cómo los texto citados dan cuenta de la perspectiva que estamos desarrollando, la que también puede encontrarse en partes de su tratado *Sobre el gobierno representativo*. Su otra preocupación, los grupos aristocráticos y conservadores, reconoce larga data; recordemos cuál fue el tema de su primer escrito: la crítica a los prejuicios de los nobles y aristócratas por considerarse intelectual y moralmente superiores a los pobres. En distintas partes de sus obras critica la indolencia y cortedad de miras, cuando no el egoísmo de la clases dirigentes y económicamente poderosas, de su época y de su entorno inmediato, en el ejercicio de gobernar y de dirigir al pueblo; incapaces de formar a los futuros gobernantes y menos todavía de proveer una buena educación de los gobernados para un mejor ejercicio de la ciudadanía en democracia (2006, pp. 645-646; 2007, pp. 33, 125 y s.; 2011, pp. 152 y ss.) De ahí, entonces, su propuesta para que los hijos de las clases dominantes se preparen consistentemente para asumir su futuro rol de dirigentes con responsabilidad social, en el entendido que al desempeñar ese papel deberán primordialmente orientar sus acciones al bien general antes que a su interés individual. Por eso, en su escrito sobre la civilización desdeña que su enseñanza se oriente a cómo ganar dinero y privilegia la formación del carácter y la templanza, tan necesaria para superar sus tendencias instintivas de aprovecharse del ejercicio del poder político para su interés propio. Al analizar las condiciones para el desarrollo del gobierno representativo y de la democracia, apunta que un principal peligro para su vigencia *consiste en los intereses egoístas de los que poseen el poder* (2007, p. 125).[17] Como he señalado en otro trabajo,[18] todas estas críticas apuntan a cuestionar la legitimidad de un poder político aristocrático renuente a cambios que incomoden sus prerrogativas y privilegios; incapaz de liderar los cambios que se hacen necesarios para brindar una educación y una formación ciudadana que haga más efectiva la participación política, económica y social de las clases trabajadoras. De ahí los riesgos que señala cuando advierte sobre la posibilidad de quedar sujetos a una

---

[17] Sus sospechas de que el egoísmo constitutivo de la naturaleza humana prevalezca en las acciones de quienes están en función de gobierno, pese a estar obligados a anteponer el bienestar general a su propio interés, es un motivo más para su renuencia a una ampliación de las facultades del Estado. Antes bien, adhiere a la máxima: al Estado, la mínima confianza y la máxima responsabilidad. La misma prevención se encuentra en H. Spencer, cuando sostiene: *la mejor forma de gobernar es no gobernar demasiado.*

[18] Todavía inédito, que elaboré para el *Diccionario de filosofía de la educación* y cito en una nota anterior.

"lucha entre el cambio ignorante y la ignorante oposición al cambio" que antes mencioné.

Una última consideración acerca de sus críticas a los prejuicios, prebendas y privilegios de estos grupos, es un firme cuestionador de los supuestos que sustentan los mismos. Con ironía, en sus *Capítulos sobre el socialismo* apunta que la idea de afianzar una justicia distributiva o la de establecer alguna relación entre el éxito y el mérito, o entre el éxito y el esfuerzo, son tan quiméricas que deben ser relegadas *al ámbito de las novelas románticas* y agrega: "De todas las circunstancias determinantes de la suerte de un individuo, la más poderosa es su cuna" (2011, pp. 53-54). Congruente con estos cuestionamientos a la perdurabilidad de pautas de distinción y prestigio devenidos de la posición de nacimiento propios de los regímenes nobiliarios de la época feudal, que fueron principales consignas de las luchas sociales para erradicarlos, desde muy joven reivindica la igualdad de derechos de la mujer y expondrá luego sus argumentos en *El sometimiento de la mujer*, de donde seleccionamos su criterio para superar los condicionamientos de una posición de nacimiento:

El principio del movimiento moderno en el orden de la moral y de la política es que la conducta, y sólo la conducta, es lo que da derecho a obtener respeto; que no es lo que los hombres son, sino lo que hacen, lo que constituye su reclamación de que se les trate con deferencia, que es el mérito y no el nacimiento, lo que da derecho a reivindicar poder y autoridad (2010, pp. 183-184).

Este postulado de Mill, también consignado en otras partes de su obra, que asienta en el logro y el mérito personal la posición y reconocimiento social que cada sujeto pueda lograr, influirá en concepciones sociológicas posteriores que adjudican un papel relevante a la educación en sus funciones de socialización y selección, sobre las cuales se configura la estructura social de las sociedades modernas y democráticas. Un claro ejemplo de esta concepción se encuentra en la obra de un clásico de la sociología estadounidense: Talcott Parsons. No obstante, es preciso señalar que Mill, a diferencia de T. Parsons, otorga a la familia un rol protagónico en la conformación de los hábitos que favorecen una moral cívica, dado que en su ámbito se imparten las virtudes de la libertad, considerándola "una escuela de obediencia para los hijos y una escuela de mando para los padres" (*ibid.*, p. 212).

Algunas consideraciones finales

Tuve en cuenta dos principales perspectivas para abordar las interrelaciones entre libertad, autonomía y educación en J. S. Mill: en la primera, presenté una semblanza de su historia de vida, particularmente de su trayectoria educativa, porque entiendo que ella incide en algunas facetas de su concepción ética, política y pedagógica; en la segunda expuse, con base en sus propios textos, cómo el propio autor explicita o sugiere tales interrelaciones, para lo cual deliberadamente recurro a citas de sus distintas obras para favorecer una mirada más comprensiva de su pensamiento.

En cuanto a su historia de vida y su trayectoria educativa, quiero hacer hincapié en algunas consideraciones respecto a caracteres de ellas, por entender que permiten referir a nuestra actualidad y pueden favorecer nuestras reflexiones. Mal que le pese a John Stuart Mill, su posición de nacimiento sin duda incidió fuertemente en su desarrollo intelectual y en su inserción laboral; si bien es prácticamente impensable hoy en día que un niño sea educado hasta su juventud por sus padres, queda claro que el ambiente cultural que tuvo, que comprende la formación de su padre, su atención y cuidado; además, las relaciones que estableció con terceros allegados a su familia, así como las condiciones económicas del padre que le permitieron tempranamente viajar, vivir y estudiar por un cierto tiempo en otro país, han sido en buena medida decisivas para lograr una sólida formación. Ni que decir sobre la influencia de su padre para garantizarle una inserción laboral, privilegiada para esa época. En nuestra actualidad cada vez se recupera más la importancia del ámbito familiar para acompañar y apoyar la trayectoria educativa de los niños; también, se sabe que las relaciones sociales y profesionales de sus padres pueden favorecer las posibilidades de inserción en el mundo laboral, sin que esto implique desmerecer la formación y las credenciales educativas obtenidas. En este sentido, si bien no aplica a la trayectoria educativa de Mill, en sentido estricto, sabemos que la posición de nacimiento favorece mayores o menores posibilidades de acceder, permanecer y egresar de los distintos niveles educativos, así como de tal o cual escuela, instituto o universidad, que no sólo configura en buena medida su trayectoria, sino que también incide en los logros respectivos. Y aquí asiento una principal consideración: hoy en día sabemos que los primeros años de vida determinan fuertemente el desarrollo intelectual de los niños; alimentación, salud, abrigo, afecto, cuidado, son fundamentales. El interrogante que surge, después de más de un siglo y medio de formuladas las tesis del autor, es qué hacer cuando en nuestras democracias persisten condiciones sociales, económicas y culturales deficitarias que impactan negativamente en las trayectorias educativas de muchos, pero muchos, niños y jóvenes. No creo que haya una sola y única manera de encarar tal situación, pero sin duda que el Estado debería garantizar esos bienes para todos los futuros ciudadanos. Creo también, que algunas formas de organización de las actividades económicas y finacieras que contribuyen tal situación deberían ser reformadas o sustituidas por otras; de ello depende en buena medida cómo puedan ejercerse esa libertad positiva que a Mill tanto le importa: libertad para proyectar y realizar un plan de vida. Por último, respecto de esta primera perspectiva y recordando que antes ya he consignado algunas otras, anoto otras dos consideraciones: por un lado, la lectura como actividad preponderante de su proceso de enseñanza-aprendizaje, teniendo en cuenta que para la época era un medio principal para acceder al conocimiento, que ahora debería complementarse (considero que no sustituiría) con la disposición y uso de los recursos tecnológicos existentes; por otro, señalar la importancia que él atribuye a la formación del carácter; donde la disciplina, el esfuerzo, la dedicación, la constancia, y el desarrollo de hábitos acorde con los mismos son los principales recursos en dicho proceso. También, hoy en día, surgen planteos respecto del papel de la disciplina y de la formación de hábitos en los procesos de socialización de niños y jóvenes; claro está, con sus particulares matices según las edades. En mi opinión, este tema es controvertido; delicado y difícil de abordar por los estereotipos, cuando no prejuicios, que suele convocar su tratamiento. Por eso es necesario que se analice, se discuta y se perfilen propuestas pedagógicas que superen dichos estereotipos y prejuicios, sin que para nada esto suponga convocar a ningún tipo de autoritarismo. Como una paradoja, puede apuntarse que Mill, adalid del principio *dejar hacer, dejar pasar*, no es partidario de su aplicación en los procesos de socialización de quienes todavía no hayan alcanzado la mayoría de edad.

En cuanto a la segunda perspectiva, es claro que Mill tiene temas recurrentes sobre cuestiones relativas a la ética, la moral, la política y a la educación: la libertad, la felicidad, la individualidad, la autonomía, la responsabilidad; la importancia crucial de la educación respecto de todas estas cuestiones y, por ende, el papel del Estado y de la sociedad civil en la función de educar y de proveer a una moral cívica; el ejercicio del poder político, también del económico, el papel de la opinión pública y los medios de comunicación. Tal como ocurre con otros autores, por ejemplo, Durkheim, en Mill hay que estar atentos porque muchas veces se desliza del cómo *es* la manifestación de tal o cual hecho o actividad social, al supuesto de una manifestación o expresión ajustada a un *deber ser*. A veces, dichos deslizamientos hacen surgir interrogantes sobre cómo concibe que puedan generarse algunos cambios que considera muy necesarios en la sociedad de su entorno y de su época. Varios ejemplos pueden presentarse para dar cuenta de ello, pero conviene exponer algunos y que otros sean advertidos por cada quien desde su propia lectura de las obras del autor: uno consiste en la importancia que otorga a la opinión pública y su juicio moral para regular la conductas individuales, incluso para favorecer el involucramiento cívico y político de los individuos, mientras que en otras partes de su obra –incluso en un mismo libro– cuestiona los efectos perversos que ocasiona en quienes se sujetan a ella y no ejercitan sus facultades distintivas para decidir y actuar según su libre elección. Otra, tiene que ver con el señalamiento de las deficiencias de las formas de organización social, tanto en términos de la política como de la economía: particularmente, puede recordarse su fuerte objeción a la vigencia de un sentido único e inamovible de la propiedad privada, que no favorece una mejor redistribución de la riqueza y, en otros escritos, reconoce que su afianzamiento y la mayor seguridad para detentarla es símbolo y condición de progreso. Otro más, que no deja de ser un desafío a la imaginación, es su acendrada defensa del principio de dejar hacer, dejar pasar, pese a que una y otra vez realiza diagnósticos preñados de fuertes críticas al ejercicio del poder político y el poder económico. Particularmente, puede contrastarse su férrea posición respecto al no intervencionismo estatal en las distintas actividades sociales, principalmente las económicas y las educativas, con los resultados o consecuencias de sus diagnósticos, que le llevan a reconocer la necesidad de que las instituciones políticas (el Estado y las leyes son una principal expresión de ellas) deben experimentar modificaciones radicales para corresponder a las necesidades y a las demandas crecientes de las "clases trabajadoras". Bajo esta misma perspectiva, en su vertiente utilitaria, reconoce y acepta el interés privado como expresión del egoísmo, principalmente entre los ingleses y más en su aristocracia, y al mismo tiempo, apela a la generosidad, cuando no a la caridad, de quienes detentan el poder económico y político para solventar la indigencia y la pobreza. Una última, que concurre más a nuestras tesis: luego de haber leído buena parte de sus planteos políticos y pedagógicos, mediante los que hace constantes llamados y propuestas para la educación de las clases trabajadoras para un mejor protagonismo de las mismas en el desarrollo económico y la realización de la democracia, no deja de advertirse su preferencia y la prioridad que otorga a una educación diferente y elitista para quienes deben asumir luego las funciones de gobierno. Curiosamente, cuando se refiere a ellos, refiere a los hijos de los grupos dominantes y aristocráticos. Dicho esto, pese a ello, John Stuart Mill ofrece múltiples aportes para el análisis de nuestras problemáticas, tal como lo apunté en la "Introducción" y no es necesario repetirlos aquí. Y cierro con una última respuesta al interrogante de ¿por qué leer a John Stuart Mill hoy? Porque es un clásico y, por ello, muchos de los temas que aborda, muchos de sus análisis sobre situaciones humanas, en términos éticos, políticos y económicos; también los referidos a la educación, así como algunos perfiles de sus propuestas detentan una actualidad incuestionable. Su pensamiento no está exento de interpelaciones y controversias, pero siempre que se lee un clásico surgen ellas. Siempre, además, su relectura abre a nuevas y distintas reflexiones. Por eso, aunque fuera sólo por eso, vale la pena leer a John Stuart Mill.

Bibliografía

Obras de J. S. Mill consultadas

1972, *Augusto Comte y el positivismo*, Argentina, Aguilar Argentina de Ediciones.

1981, *Sobre la libertad*, Madrid, Alianza Editorial; 3ª ed, Prólogo de Isaiah Berlin.

1984, *El utilitarismo*, Madrid, Alianza Editorial, Prólogo de Esperanza Guisan.

1988, *La naturaleza*, Madrid, Alianza Editorial, Prólogo de Carlos Mellizo.

2006, *Principios de economía política*, México, FCE, 5ª reimp, Introducción de Sir W, J, Ashley.

2007, *Del gobierno representativo*, Madrid, Tecnos (Grupo Anaya), 4ª ed, Presentación de Dalmacio Negro.

2008, *Autobiografía*, Madrid, Alianza Editorial, Prólogo de Carlos Mellizo.

2010, *El sometimiento de la mujer*, Madrid, Alianza Editorial, Prólogo de Carlos Mellizo.

2011, *Capítulos sobre el socialismo* y *Civilización*, Madrid, Alianza Editorial, Prólogo de Carlos Mellizo.

Obras de otros autores

Bentham, J., 1981, *Tratados de legislación civil y penal*, Madrid, Editora Nacional, Edición preparada por Magdalena Rodriguez Gil.

Berlin, I, 1988, *Cuatro ensayos sobre la libertad*, Madrid, Alianza Editorial.

Casali, C., J. C. Geneyro y R. Puig, 2012, *Filosofía de la educación*, Argentina, Universidad Nacional de Quilmes.

Durkheim, É, 2002, *La educación moral*, Madrid, Trotta, Introducción de A, Bolívar Botía y J, Taberner Guasp.

Geneyro, J. C., 2007, "Educación y cuidadanía, vicisitudes de algunos legados de la modernidad", en J. Rubio Carracedo, Ana Ma. Salmerón y M. Toscano, (ed.), *Ética, ciudadanía y democracia*, Málaga, Contrastes.

2012, "Una condición de ciudadanía en la modernidad, la regulación del deseo", en *Revista de Ciencias Sociales*, año 4, núm. 21; Universidad Nacional de Quilmes, Argentina.

Vázquez, R., 1999, *Educación liberal. Un enfoque igualitario y democrático*, México, Fontamara, 2ª ed.

MARK PLATTS

Doctor en Filosofía por la Universidad de Harvard. Estudió en el University College de la Universidad de Oxford, donde obtuvo el título en Filosofía, Política y Economía. Ha recibido las distinciones Henry Fellowship en la Universidad de Harvard, el Premio John Locke de la Universidad de Oxford y el Premio Universidad Nacional en el área de Investigación en Humanidades. Es investigador titular 'C' del Instituto de Investigaciones Filosóficas de la Universidad Nacional Autónoma de México y miembro emérito del Sistema Nacional de Investigadores.

Ha publicado innumerables artículos en revistas especializadas como *Crítica*, *Diánoia*, *Isonomía*, *Análisis Filosófico*, *Revista Latinoamericana de Filosofía*, *Noûs*, *Mind*, *British Journal for the Philosophy of Science*, *Philosophy*, *Proceedings of the Aristotelian Society* y es editor, entre otros libros, de *La ética a través de su historia*, *Dilemas éticos* y *Sida: aproximaciones éticas*.

Es autor de:

Ways of Meaning: An Introduction to a Philosophy of Language, Londres, Routledge and Kegan Paul, 1979.

Reference, Truth, and Reality: Essays on the Philosophy of Language, Londres, Routledge and Kegan Paul, 1980.

Moral Realities: An Essay in Philosophical Psychology, Londres, Routledge, 1991.

Sobre usos y abusos de la moral. Ética, sida y sociedad, México, Paidós-UNAM, 1999.

Ser responsable. Exploraciones filosóficas, México, IIF-UNAM, 2012.

MIGUEL CARBONELL

Licenciado en Derecho por la Facultad de Derecho de la UNAM y Doctor por la Universidad Complutense de Madrid. Miembro del Sistema Nacional de Investigadores y profesor-investigador en el Instituto de Investigaciones Jurídicas de la UNAM. Su área de especialidad se ha desarrollado en Derechos Humanos, Filosofía del Derecho y Derecho Constitucional.

Ha coordinado diversas obras colectivas en materia jurídica, tales como la "Constitución Política de los Estados Unidos Mexicanos comentada y concordada"; la "Enciclopedia Jurídica Mexicana" y "Los derechos del pueblo mexicano. México a través de sus constituciones" entre otras. Además de sus actividades académicas, se ha desempeñado como miembro del Consejo de la Comisión de Derechos Humanos del Distrito Federal.

Es autor de:

Constitución, reforma constitucional y fuentes del derecho en México, México, IIJ-UNAM, 1998.
La Constitución en serio. Multiculturalismo, igualdad y derechos sociales, México, IIJ-UNAM, Porrúa, 2001.

Los derechos fundamentales en México, México, CNDH, IIJ-UNAM, 2004.

Igualdad y libertad. Propuestas de renovación constitucional, México, IIJ-UNAM, CNDH, 2007.

Los derechos fundamentales en el paradigma neoconstitucional, México, Oxford University Press, Universidad Olmeca, 2010

Cartas a un estudiante de derecho, México, 2011

JUAN CARLOS GENEYRO

Doctor en Filosofía por la Universidad Autónoma de Barcelona, maestro en educación por la Universidad de Puerto Rico y licenciado y profesor en Ciencias de la Educación por la Universidad Nacional del Litoral, Argentina. Se ha desempeñado en distintos cargos académicos y de investigación, además de participar y ser autor de una numerosa serie de publicaciones y conferencias.

Entre sus múltiples labores cabe destacar el fungir como investigador titular C del Centro de Investigación y Docencia en Economía (CIDE, México), profesor de tiempo completo en el Departamento de Estudios Generales (ITAM, México), director del Programa Interinstitucional de Doctorado de UNLA, UNTREF, UNSAM y profesor titular concursado de la UNLA, Argentina.

Es autor de:

Filosofía de la educación, coautor, con C. Casali y R. Puig, Buenos Aires, Argentina, A. Bernal: Universidad Nacional de Quilmes, 2012.
"Una condición de la ciudadanía en la Modernidad: la regulación del deseo", en *Revista de Ciencias Sociales*,

año 4, núm. 21. Universidad Nacional de Quilmes, Bernal, Buenos Aies, Argentina, 2012.

¿Por qué leer a Durkheim hoy? coautor, con A. Azuela y J. C. Marín, México, Fontamara, 2009.

Estado, ciudadanía y educación: Las fuerzas de la democracia, México, Instituto Federal Electoral, Cuadernos de la Dirección Ejecutiva de Capacitación Electoral y Educación Cívica. 2008

La democracia inquieta: E. Durkheim y J. Dewey, Barcelona, Anthropos, 1991

Lectura contemporánea de los clásicos

¿Por qué leer a Alamán hoy?

Andrés Lira, Catherine Andrews, Josefina Z. Vázquez

¿Por qué leer a Bentham hoy?

José Juan Moreso, Germán Sucar

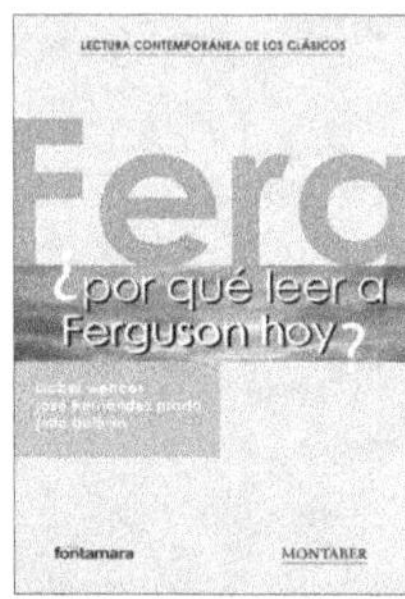

¿Por qué leer a Ferguson hoy?

Isabel Wences, José Hernández Prado, Julio Beltrán

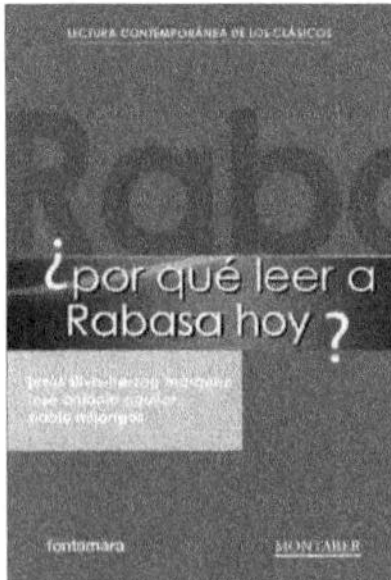

¿Por qué leer a Rabasa hoy?

Jesús Silva-Herzog Márquez, José Antonio Aguilar, Pablo Mijangos

¿Por qué leer a Rousseau hoy?

Antonella Attili, Luis Salazar Carrión, Julieta Marcone

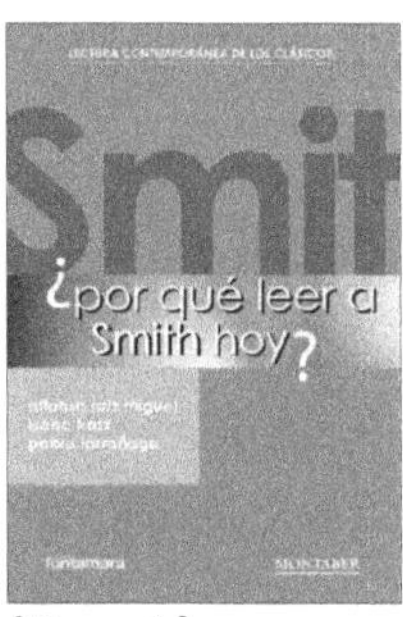

¿Por qué leer a Smith hoy?

Alfonso Ruiz Miguel, Isaac Katz, Pablo Larrañaga

¿Por qué leer a Tocqueville hoy?

Roberto Breña, Claudio López-Guerra, Jesús Silva-Herzog Márquez

¿Por qué leer a Weber hoy?

Nora Rabotnikof, Ulises Schmill, Gina Zabludovsky

¿Por qué leer El Federalista hoy?

Juan F. González Bertomeu, Gabriel L. Negretto, Andrea Pozas-Loyo

Otros títulos publicados

Amor platónico
Hans Kelsen

Análisis de un examen estandarizado
José Manuel Casillas Domínguez

Derechos humanos. Un camino hacia la pacificación
Julio Cabrera Dircio

Experiencias adversas de la seguridad del paciente
Rosa Ortiz Rivera

Nuestros niños sicarios
Elena Azaola Garrido

En guerra por la vida. Crisis climática y transformación social
Josep Cabayol

La práctica de la terapia como construcción social
Sheila McNamee, Emerson F. Rasera, Pedro Martins

El imperativo relacional Recursos para un mundo al límite
Kenneth J. Gergen

Ideología y opiniones Estudios de psicología retórica
Michael Billig

MONTABER   Tel. +34-931 429 486 – montaber@montaber.es – www.montaber.es

www.ingramcontent.com/pod-product-compliance
Lightning Source LLC
LaVergne TN
LVHW050649200726
843506LV00010B/1440